定年男子 定年女子

45歳から始める「金持ち老後」入門！

大江英樹
井戸美枝

nbb
日経ビジネス人文庫

or 貧乏老後？

20のチェックリスト

暮らしのチェック

- ☐ 年賀状だけのやりとりをしている昔の知り合いがたくさんいる
- ☐ 親子兄弟は互いに頼り、頼られるべきだ
- ☐ やっぱり、会社の仲間と遊んでいるときが一番楽しい
- ☐ フェイスブックやSNSで友達がたくさんいるので、自分は人脈が広いと思う
- ☐ 会社の中では出世したほうだ
- ☐ 会社を定年退職したら、自治会の役員にでもなろうかと考えている
- ☐ 節約をしているのになぜかお金が貯まらない
- ☐ 電車の中で空席を見つけるとつい我先にと座ってしまう
- ☐ 定年後は働かずに好きなことをやってのんびり過ごしたい
- ☐ 老後のために、夫婦で共通の趣味を持ちたい

老後不安度の判定　（チェックの数）

0～2	精神的にも社会的にも満足度の高い豊かな生活を送ることができそうです。
3～5	他人への過度な依存も無関心も共に友人を少なくし、孤独を招きます。 自立すること、自分の居場所を見つける努力を始めましょう。
6～	このままでは寂しい晩年になりそうです。 もっと積極的に活動したり、友人を大事にしたりすることが必要です。

経済コラムニストこと
元証券マンの定年男子
大江英樹（65歳）

大手証券会社を定年退職後、独立。 資産運用、企業年金、シニア層向けライフプラン等をテーマとし、執筆やセミナーを行う。

あなたは 金持ち老後

以下の質問のうち、自分に該当するものに✓をしてください。

年金通の社会保険労務士こと、
夫がリタイア済みの定年女子
井戸美枝（58歳）

ファイナンシャル・プランナーとしても活躍。年金制度に詳しく、厚生労働省社会保障審議会企業年金・個人年金部会委員を務める。

お金のチェック

- □ 国の年金はあてにならないので個人年金保険に加入している
- □ お金のことは信頼できる人に相談するのが一番だ
- □ お得な情報が好きだ
- □ 生命保険は大切なので、しっかり加入している
- □ 証券会社は怖いが銀行は安心だ
- □ 「自分へのご褒美」ということで、よく買い物をする
- □ 会社がやっている社員向け生命保険や貯蓄制度はほとんど利用していない
- □ 株の利益は不労所得だと思う
- □ 家ではこまめに電気を消したり、風呂の湯を再利用したりと、地道な節約に努めている
- □ ねんきん定期便は見てもしようがないので見たことがない

⇩

老後不安度の判定（チェックの数）	
0〜2	極めて健全です。老後のお金の不安はあまりありません。
3〜5	無駄なお金を使っていたり、間違ったやり方で支出管理をしたりしがちです。もう一度よく見直してみてください。
6〜	このままいくと老後貧乏に陥る可能性があります。これからでも遅くないので、お金のことをしっかりと勉強してください。

解決法は
次のページから!

目　次

イラスト・フクチマミ

はじめに

「老後破産」が不安なあなたに

「定年男子」大江英樹

定年退職したとき、150万円しかなかった私

今でこそ、講演や執筆で忙しく働きまわっていますが、私はもともと新卒で入った証券会社に定年まで勤めたごく普通のサラリーマンでした。特に出世したわけでもなく、今から5年前、60歳のときに管理職の隅っこのほうで定年を迎えたのです。

現役時代の最後の10年間は主流の仕事からは外れ、企業年金に関わる仕事をしていました。これから定年を迎える会社員向けに、老後の生活設計について話す機会もたくさんありましたが、現役時代の私は老後の不安の多くはお金のことだと思っていましたし、証券会社の社員で金融商品を販売するのが仕事でしたから、「自助努力で老後に備えましょう＝投資信託を買いましょう」と常にお話をしてきました。

ところが、実際に自分が定年退職してみると、老後について当たり前のようにいわれていることのなかに、実はちょっと違うことがあると気づかされました。

昔は人生50年、今は人生90年！

●平均寿命の年次推移

平均寿命は
男81.3歳、
女87.3歳

年次	男	女
昭和22年	50.1歳	54.0歳
30年	63.6歳	67.8歳
40年	67.7歳	72.9歳
50年	71.7歳	76.9歳
60年	74.8歳	80.5歳
平成 2年	75.9歳	81.9歳
13年	78.1歳	84.9歳
30年	81.3歳	87.3歳

●主な年齢の平均余命

平均余命で
考えると、
寿命はさらに長くなる

年齢	男	女
40歳	42.2歳	48.0歳
50歳	32.7歳	38.4歳
60歳	23.8歳	29.0歳
70歳	15.8歳	20.1歳
80歳	9.1歳	11.9歳
90歳	4.3歳	5.7歳

60歳で存命中の人は、
これから男で24年、
女で29年生きる

出所：厚生労働省「平成30年簡易生命表」。平成13年の数値のみ、同25年版より。

＊平均余命とは、各年齢まで生きた人が平均してあと何年生きているかを示したもの。数値は全て小数点第2位以下を四捨五入

3000万円ないと「老後破産」するのウソ

例えばよくいわれる、「定年退職時に3000万～4000万円ないと老後は破産する」は間違っていると分かりました。**実は、私は定年退職時に預貯金がたったの150万円しかありませんでした。**娘ふたりを中学校から大学まで私立に通わせ、高校時代はそれぞれアメリカとオーストラリアに留学。おそらく教育費は普通よりもかかったほうだろうと思います。そのうえ、父が商売に失敗し、その借金の肩代わりもしたため、お金は本当になかったのです。

驚かれるかもしれませんが、それでも実は、老後についてさほど心配はしていませんでした。もちろん、退職金や企業年金、公的年金が出るということが大前提としてありました。**定年の2年前から自分で家計簿をつけ、1カ月のおよその生活費を把握していた**のも大きかったです。

したがって2019年に「2000万円問題」が話題になった時も「なぜ、あんなことが話題になるのだろう？」と不思議に思っていました。私自身は、**ぜいたくはできないけれど、食べていくくらいならなんとかなる。**だから定年後は一切仕事はやめて、趣味を中心に好きなことをやって残りの人生を楽しもうと考えていたのです。

大事なのは「きょういく」と「きょうよう」

ところが定年が近づくと、少し考えが変わってきました。趣味だけをやっていても、毎日がつまらないのではないか？　少しでも働いたほうが、精神的にも肉体的にも健康を保てるし、だいいち収入があるのだから生活の足しになる。そう思うようになったのです。誰もが「老後は不安だ」といいますが、老後が不安なら、老後をなくせばいいのだと思いついたのです。**人は働くことをやめたときから老後が始まるのだから、可能な限り働き続けたほうがいい、**と考えるようになりました。

後で振り返ってみると、こう考えたことは大正解でした。実際に定年退職してみて実感したのは、リタイア後に一番必要なことは「きょういく」と「きょうよう」だということです。教育と教養でありませんよ。**「今日、行く（きょういく）」ところがあるか、そして「今日、用（きょうよう）」があるか**どうかが大切ということです。言い換えれば自分の「居場所」があるかないかが、幸せな老後をおくれるかどうかの決定的な違いになってくるのです。

老後に一番怖いのは「孤独」になること

俗に**老後の3大不安といわれるのが「健康」「お金」「孤独」**です。このなかで圧倒的に**深刻な問題なのが実は「孤独」**だということが、**定年後に身に染みました**。

健康やお金が大事だというのは、誰にでもすぐ分かります。ところが現役時代は毎日会社に行っていますから孤独に陥ることはないのです。そのため健康やお金に対しては気をつけている人は多くても、孤独を恐れてそのために準備をしているという人はあまりいません。その分余計に、退職した後に強い孤独感に襲われ、憂鬱な退職後の人生をおくらざるをえないということになりかねないのです。

定年後に一番大事なこと

今日《きょう》、行く《いく》ところがあるか

今日《きょう》、用《よう》があるか

それを防ぐためには、できれば40代、遅くとも50代に入ったらそのための準備を始めたほうがいいと思います。これは、私自身の反省からつくづく思うことです。

前述したとおり、**私は定年が近づくまで退職後は働かないと決めていたので、正直言うと準備はかなり遅れました**。実際に定年後も働こう、それも会社にずっと雇われるのではなく、自分のやりたい仕事をするために独立したい。そう決めたのは、定年の日のほぼ半年前でした。

居場所がなかった再雇用時代

結果的に時間切れとなり、退職した会社で契約社員として再雇用されました。給料は退職前より大幅に下がりました。コピーは自分で取り、雑用も喜んでやりました。そんなことは全く苦ではありませんでしたが、**つらかったのは仕事において自分に決定権がなかったこと**です。人と話すことが好きで自他ともに認める交渉上手の私が、正社員という立場でないがゆえに、上司の許可なしにはクレーム処理ひと

高齢期の3大不安

① 健康

② お金

③ 孤独

↓

「定年男子」にとって

最も深刻な問題は“孤独”

つすることができない。**そこは、自分が生き生きと働ける場所ではありませんでした。**

ここにはいられないと、半年後に退社。セミナー講師として独立し、軌道に乗るまでには1年近くかかりましたし、その間は全く収入がない時期もありました。**もっと早くから準備しておけばこんなに苦労せずに済んだのに**と思ったことも、たびたびでした。

一方で、定年退職後の生活には予想よりもお金がかからなかったことには助けられました。現役時代に当然のようにおこなっていた生活習慣も見直すことで、かなり収支は楽になりました。したがって、収入がなかった時もそれほど深刻ではなかったのです。

誰もが心配する老後のお金のことはもちろん、深刻な老後の孤独にどう備えるか。本書では、年金や社会保険のプロである井戸美枝さんと一緒に、自分自身の経験から考える定年男子、定年女子の暮らし方について仕事、お金、健康、家族といった内容を一つひとつお話ししていきたいと思います。

お金のプロが「年金生活」を始めて分かったこと

私の夫は63歳で、元公務員。60歳で定年退職しています。65歳まで働くこともできたようですが、それよりも「冒険の旅をしたい」という本人の希望で仕事はやめました。

夫の定年退職前、**24時間一緒に過ごす生活に不安**がありましたが、定年後、冒険好きの夫はしょっちゅう旅に出ていますし、私はファイナンシャル・プランナーと社会保険労務士として働いているおかげで、付かず離れずの関係をキープ。心配したような事態には、今のところなっていません。

一方、予想外だったのは**毎月決まった給料が入らないことのダメージ**です。年金を受け取るのは2カ月に1度の偶数月のみ。そんなことは社会保険労務士としてもちろん基本中の基本知識であり、分かっていたこと。それなのに、毎月の給料で家計を組み立てる長年の習慣から抜けられず、どうも予定が組みにくいのです。お金のプロとしては恥ずかしながら、**年金を受け取る偶数月はつい使い過ぎ、奇数月は節約モード**ということも……。

また、夫が現在63歳で年金がまだ満額ではないこともあって、毎月10万円ほど貯蓄を取り崩して生活費にあてています。これも事前に十分分かっていて、予定どおりのこと。にもかかわらず、**毎月毎月、預金残高が10万円ずつ減っていくのはなんともいえない圧迫感**があるのです。

これがもし月数万円でも定期収入があれば、気分的に全然違うだろうなということを実感しています。定年後は蓄えが減っていくのは当然のことです。でも、そのスピードは少しでもなだらかであってほしいもの。大江さんも書いているとおり、定年退職後も働くということは、夫婦の関係や老後のお金の不安など、定年女子のいろんな問題を解決してくれることだと思います。

大半の女性が、最後には「おひとりさま」に

定年後の生活やお金の話は、本や雑誌にたくさん書かれていますけれど、ほとん

どが男性目線のものだと感じます。確かに仕事を定年まで勤め上げるのは男性の方が多いのですが、**定年後というか、60歳以降の人生は平均的には男性より女性のほうが長い**わけです。

夫のほうが先にいってしまうことが多いので、**結婚していても結婚していなくても、大半の女性は人生の最後には「おひとりさま」**になります。この本のタイトルの「定年女子」は、会社で働く女性たちが定年を迎えたときという意味だけではなくて、自分のパートナーが定年退職を迎えた主婦の方の老後の暮らし方という意味も含めています。

寿命が伸びたことにより、女性のライフスタイルは大きく変わりました。夫が引退後の「定年女子としての人生」は、大正時代は5年間程度でしたが、平成21年は23年もあります。21ページの表を見てください。

大正時代は、家庭を守り、子育てをすることが多くの女性の「仕事」でした。平均で5人子供を産み、育て、初孫誕生から約10年後、夫の現役引退からは5年、夫の死亡からは4年程度で亡くなっています。

平成の女性の人生は、驚くほど異なっています。左の表では子供が結婚し、孫が生まれた後も人生は25年続きます。夫の死亡からは8年、夫の現役引退からは23年もの時間があります。

女性の人生を４つのステージに分けてみよう

平成30年、女性の平均寿命は約87歳ですが、60歳女性の2人に1人は約90歳、5人に1人は約97歳まで生きると予測されています（厚生労働省「簡易生命表」より）。寿命は平均を中心にばらつきがありますが、80歳くらいから100歳くらいの幅にかなりの人が入るはずです。つまり今40〜50代の人は100歳まで生きると想定するのが安全策といえるでしょう。

そこで私は、女性の人生100年を4つの区分に分けて考えています。最初の25年は「育ちの期間」、次の25年は結婚して家族を形成したり、仕事に邁進する「人生フル回転の期間」。そして50歳からの25年は子供がいる人なら子育てが終了し、家族から再び個の自分に戻ったり、定年退職後の人生に思いをはせてみる「黄金の期間」

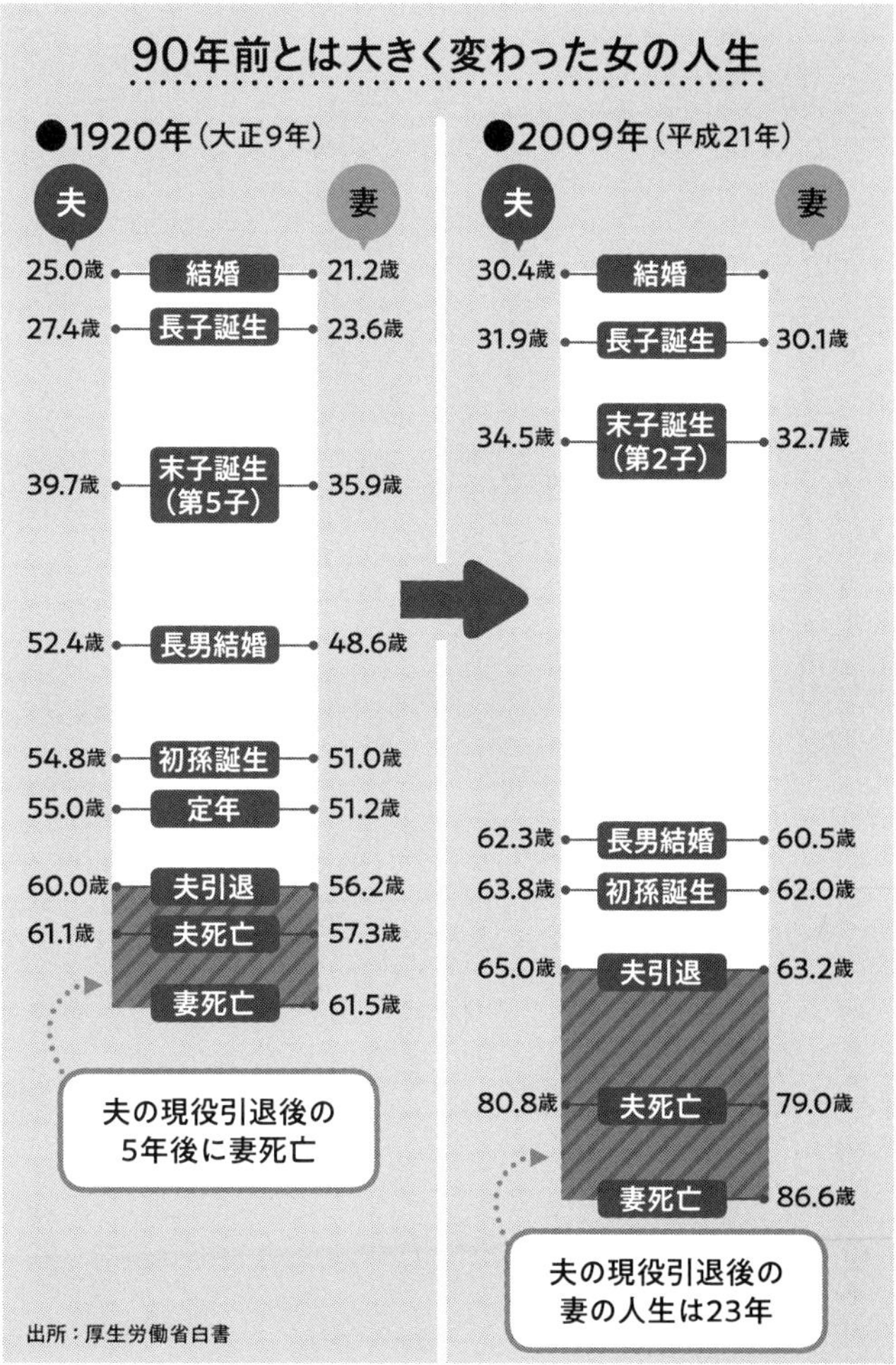
90年前とは大きく変わった女の人生
●1920年（大正9年）
夫
妻
25.0歳 結婚 21.2歳
27.4歳 長子誕生 23.6歳
39.7歳 末子誕生（第5子） 35.9歳
52.4歳 長男結婚 48.6歳
54.8歳 初孫誕生 51.0歳
55.0歳 定年 51.2歳
60.0歳 夫引退 56.2歳
61.1歳 夫死亡 57.3歳
妻死亡 61.5歳
夫の現役引退後の
5年後に妻死亡
●2009年（平成21年）
夫
妻
30.4歳 結婚
31.9歳 長子誕生 30.1歳
34.5歳 末子誕生（第2子） 32.7歳
62.3歳 長男結婚 60.5歳
63.8歳 初孫誕生 62.0歳
65.0歳 夫引退 63.2歳
80.8歳 夫死亡 79.0歳
妻死亡 86.6歳
夫の現役引退後の
妻の人生は23年
出所：厚生労働省白書

です。子育てや会社の仕事に追われてできなかった、やってみたいことに挑戦できる人生のゴールデンタイムともいえます。そして次の25年、75歳からの人生では、後に続く世代の活躍ぶりを見守る、いわば「余生の期間」です。長生きした人の特権で、新しい時代の変化を楽しむことができるわけです。

平均寿命と健康寿命の差、男は9年、女は12年

定年女子としての時間をどんなふうに過ごすか、自分らしい生活と自由を守るには、お金と上手に付き合う知恵が必要となります。

何より覚悟しておいてほしいのは、前述したとおり、女性は結婚していてもしていなくても、最後は「おひとりさま」になる可能性が高いということです。25ページのグラフを見てください。平均寿命と健康寿命の差は、男性は9年。女性は約12年あります。

健康寿命とは、WHO（世界保健機関）が発表している、ひとりで生活できる年齢のこと。つまり、人の助けを必要として生活する期間が男女ともに10年程度ある

人生100年を4つに分けてみる

●40代から90代までの女の人生図

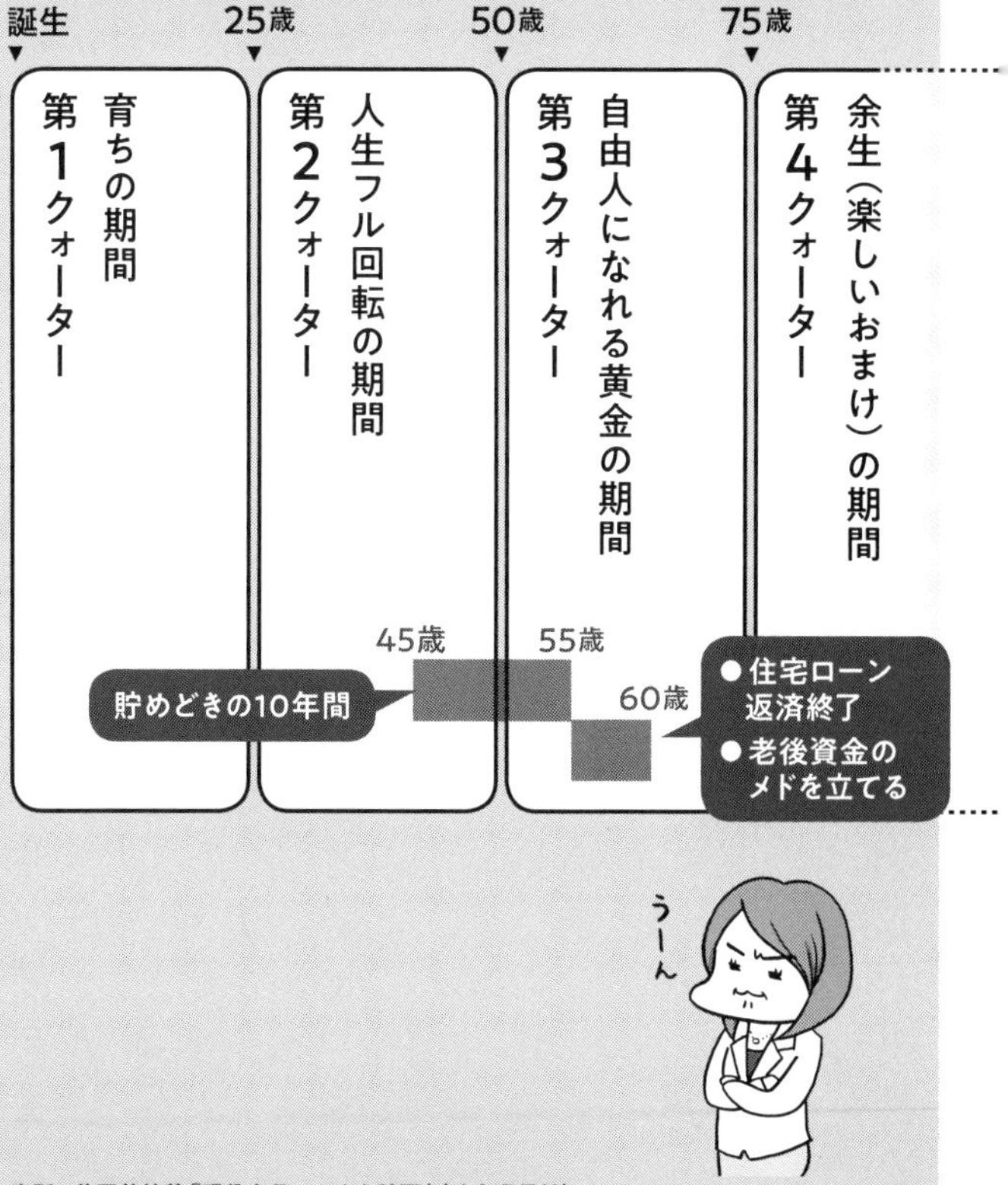

出所：井戸美枝著『現役女子のおカネ計画』（時事通信社）

ということです。結婚していてもしていなくても、**女性は人生の最後の時期を健康でない状態でひとりで生きる可能性が高いのです。そのとき頼りになるのは、やはりお金です。**病気や介護はお金で解決できることが多い。これは、社会保険労務士としての実感です。むやみに心配することはありませんが、不安を不安のままにしておかず、準備をしておけばいいのです。

この本でこれから、大江さんと一緒に、定年後の不安を解いていきたいと思います。

平均寿命と健康寿命には差がある

● 女性の平均寿命と健康寿命

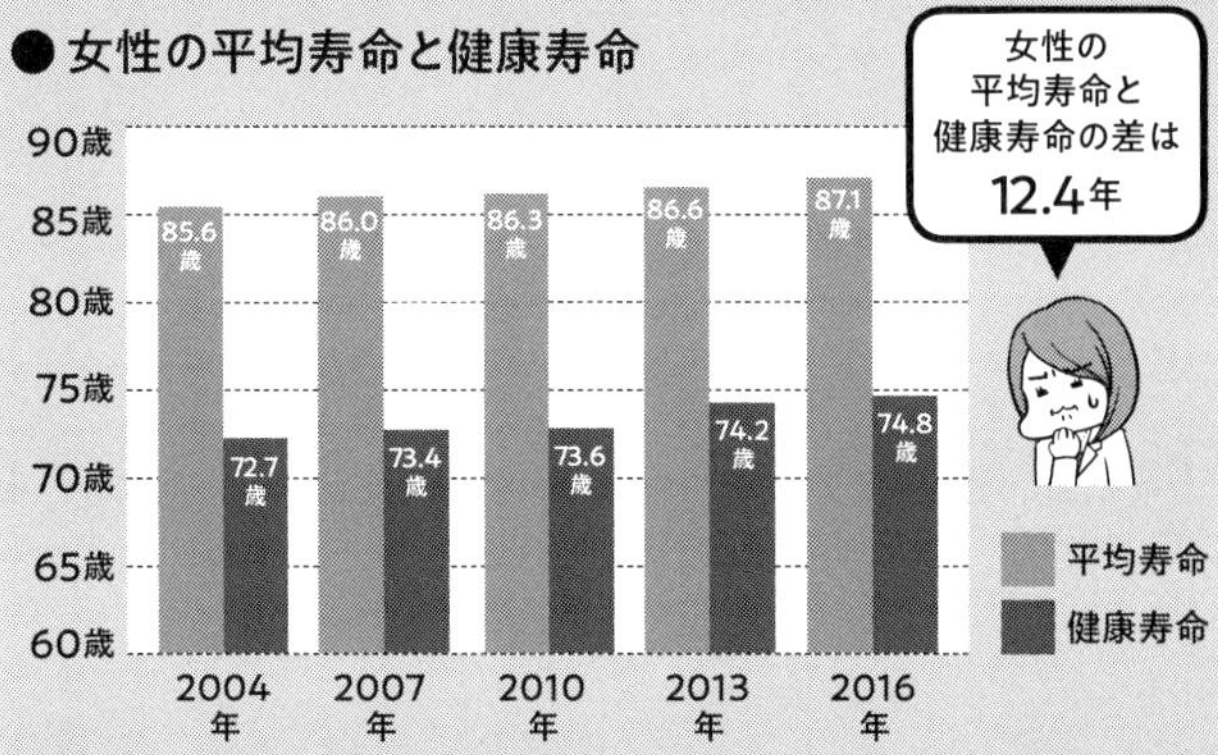

● 男性の平均寿命と健康寿命

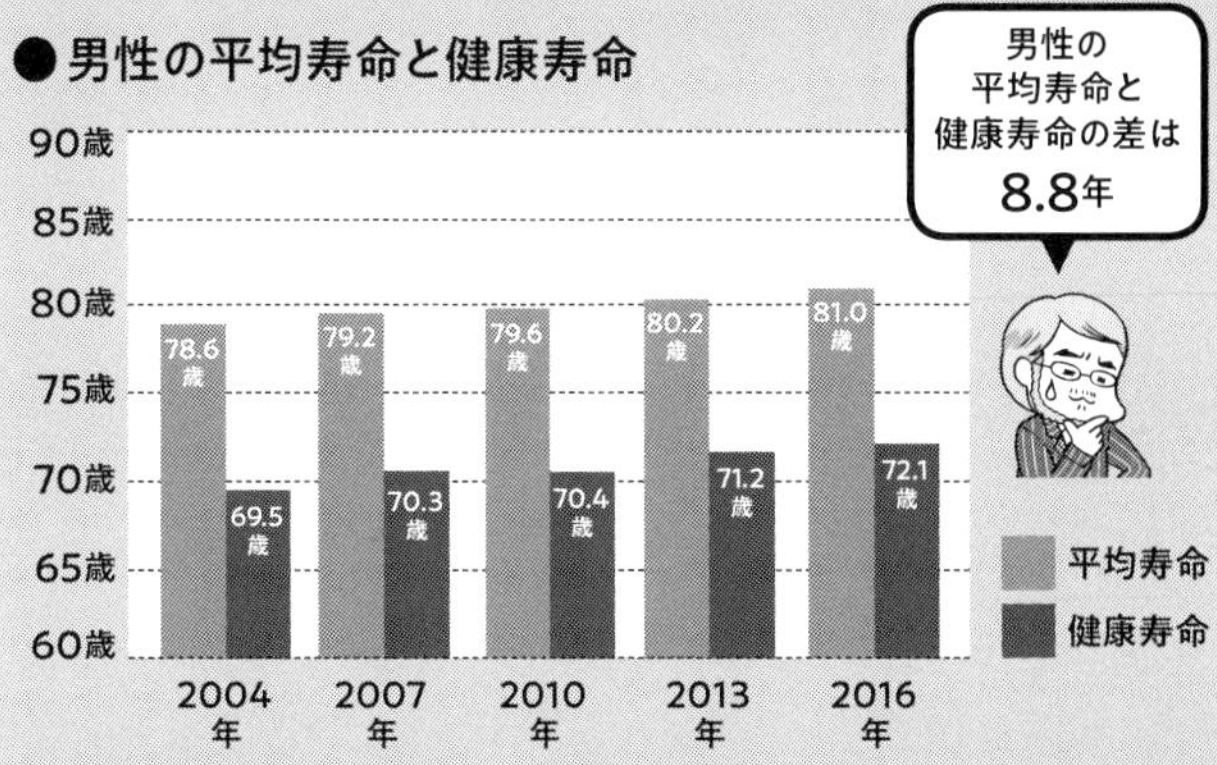

出所：2018年　厚生労働省厚生科学審議会／健康日本21（第二次）推進専門委員会
＊小数点第2位以下を四捨五入

第1章
「金持ち老後」のために知っておくべきこと

老後のお金の「入」と「出」を把握せよ

定年後のお金の不安の原因は「3つの分からない」

老後のお金に対する不安は、ものすごく大きいですね。どなたに聞いても、老後のお金が不安じゃないという人はまずいない。ところが、**不安だったら何か対策を考えているのかというと、実はあまり何もやっていない。**「不安」はあるけれど「無関心」なのですよ。不安を不安のままに放置してしまっているのです。

米国第32代大統領のルーズベルトの名言に、こんなのがあります。『我々が恐れなければならないのは、恐怖それ自身である』。不安の最大の理由は「分からない」こと。つまり、**不安の正体が分かれば不安じゃなくなるんです。**そこで、老後のお金の何が不安なのか、一つひとつ整理してみました。

いったい、何が分からないのか？

●老後のお金、3つの「ここが分からない」

1 老後の生活費

どれくらいお金がかかるか、
分からない

2 老後の収入（年金）

どれくらいもらえるのか、
分からない

3 老後の蓄え

どれくらいあれば安心なのか、
分からない

老後のお金、第1の「分からない」は「老後の生活にどれくらいお金がかかるのか分からない」です。第2の「分からない」は老後の収入（年金）です。いったい、どれくらいもらえるのかが分からない。その結果、第3の「分からない」が生まれる。老後の蓄え、どれくらいあればいいのかが分からない。でもこれ、**3つとも結構分かっちゃうんですよ。**

「老後に必要な金額」にまつわる、ごく当たり前のこと

よく、老後の生活費は1億円ないとダメだといわれます。定年を迎える時点で4000万円持っていなかったら老後は破産すると言ってる人もいます。でも私、8ページに書いたとおり、定年退職したときに預貯金は150万円しかなかったです。でもまあ、なんとか破産せずに今日まできていますす（笑）。

老後の生活は1億円かかるというのは、ウソだともいえるしホントだともいえる。なんだ、そんないい加減なこと言ってもらっちゃ困る、と言われるかもしれませんが、その理由は**どういう暮らしをするかによって変わってくる**からです。

生命保険文化センターによれば、ゆとりある老後生活のために必要な生活費は夫婦で月額35万円だそうです。1年で420万円、10年で4200万円です。夫婦ふたりとも65歳から90歳まで25年生きるとして、合計で1億500万円。つまり、老後の生活費に1億円かかるというのはあながち間違いではないといえるでしょう。

しかし、毎月の生活費が月35万円ではなく、25万円だったらどうでしょう。1年で300万円、夫婦ふたりで25年生きたとして7500万円です。さらに月20万円だったらどうですか？　6000万円で足ります。

逆に35万円じゃ足りないよ、月50万円でリッチな生活をしたいという人もいるでしょう。すると老後の生活費は1億5000万円必要です。つまりその人が**毎月の生活費をいくら使うかによって、老後の必要生活費は変わる**わけです。よく考えればごく当たり前のことですよね。ところが「老後に必要な生活費」って考えた途端に、みんな一律にずばりいくら必要なんだと考えてしまう。これを改める必要があります。

日常生活費以外にも、かかるお金はあります。例えば、趣味や旅行や外食など、人生を楽しむための費用。これも一律いくらっていえないですよね。お金のかかる趣味もあれば、あんまりお金のかからない趣味もある。さらに一時出費といわれるもの、家のリフォームや子供の結婚資金などですが、これもどの程度にするかによってケースバイケースです。

だとしたら、**「豊かな老後には1億円必要」という言葉に漠然と不安になるよりも、自分はいくらかかるか？　を計算してみたらどうでしょう。**そんなのできない？　いや、できるんです。

現在65歳の私の生活費の明細、公開します

私が実際に定年退職して実感したことは、老後の生活費は「思ったよりかからない」ということです。そういわれても「人によって違うんでしょ」と、もっともな突っ込みが入りそうです。そこで、ぜひおすすめしたいのが、ごく簡単でいいので**家計簿をつけて今の生活費を把握する**ことです。細かいことは気にせずにざっくり

退職前後に家計簿をつけてみよう

●現役時代→退職後の大江家の家計の変化

1カ月の生活費（夫婦ふたり）

	現役時代（退職1年前）	退職後（1年後）
食費（外食費含む）	12万7119円	8万9865円
日用品・雑貨	5万7864円	4万5518円
趣味・交際費	3万1293円	1万8190円
洋服・アクセサリー	4万1417円	4552円
光熱費	2万2784円	2万6722円
ケータイ料金	2万1364円	1万800円
医療・健康	1万9960円	1万8301円
交通費・ガソリン代	2万1760円	7469円
合計	34万3561円	22万1417円

平日のランチが減り、家めし中心に。夫婦で外食を楽しんでも約3万7000円減

お金のかからない趣味にして約1万3000円減

スーツ・ワイシャツを着なくなり約3万7000円減

プラン見直しで約1万円減

大江家の1カ月の生活費は、定年後約4割減に

とでかまいません。

我が家では、**退職の2年前から退職後の1年間の合計3年間、**ひとつの家計簿ソフトに夫婦それぞれが使ったお金を入力する方法で家計簿をつけ、**支出の増減の変化を確認しました。**その結果、**夫婦ふたり暮らしの生活費は**現役時代の月約34万円から、退職後に約22万円と、**およそ4割減**になっていました。前のページの表が、定年前、定年後の生活費の変化です。

月々の生活費で一番多いのは食費で約9万円。ふたりにしては使っていますから、もっと絞れるのかもしれません。現役最後の1年に比べて激減したのは、洋服代、食費、趣味・交際費の3つ。スーツやワイシャツを着なくなり、平日のランチ代も少なくなったおかげです。ケータイ料金は、生活の変化に合わせてプランを見直すことで約半分になりました。

ちなみに今はもう、家計簿をつけていません。定年前後の3年間、ざっくりですがつけたことで支出の傾向と額が頭に入ったので、それをベースに使い過ぎないようにやりくりを考えています。**定年直前と定年直後だけの家計簿習慣、おすすめし**

ます。

そうはいっても、やはり家計簿は面倒という人もいることでしょう。そういう場合は、手取り収入から生活費を計算する方法もあります。37ページに3ステップに分けて、手順を紹介しています。

まず、給与明細から1年間の手取り収入を確認してください。次に、手取り収入からこの1年間で会社の天引き以外に自分で支払ったローンや大きな買い物、貯蓄額を引きます。この金額を12で割ると1カ月の生活費が分かります。実際にやってみると、使途不明金が多いことに気づかされます。でも、それはそれで、分かっただけでも良いことです。

現役時代の生活費が分かれば、ここから老後の生活費を推測することができます。退職後も同じくらい使いたいか、減らせそうか。生活の変化により自然に減る項目もありますが、**私が意識的に減らしたのは、前述のケータイ料金などの他に保険料と車の費用**です。子供は独立したので、私が死亡した場合に多額の保険金が入る生命保険は解約し、保険は最小限に。郊外暮らしに必需品の車は維持費の安い軽自動車に買い替えました。会社がらみの年賀状はすっぱりリストラ。**ムダと見栄を**

削って、家計のダウンサイジングに取り組めば、老後の生活費は現役時代に比べてかなり安く抑えることも可能になります。

さらに私が実行しているポリシーに、**「結婚式はできるだけ出ない、葬儀はできるだけ参列する」**があります。おめでたい場に参加しないのはいかがなものか、と思われるかもしれません。でも若い頃ならいざ知らず、この年齢になると特別親しい人や親戚以外で結婚式に呼ばれるケースはかなり減ります。自分が現役時代の部下などにたまに呼ばれることがありますが、それらのほとんどは義理です。相手も義理なら、こちらも義理。

これに対して葬儀は異なります。だんだんと少し上の先輩や同世代の人の葬儀が増えてきます。すでに会社を引退した人が多いので、お葬式もほとんどの場合、参列者が少なく寂しいものです。私自身の経験からいっても、家族としてはその分、顔を出してくれた人の気持ちがとてもありがたいのです。年を重ねるにしたがって、**大切なことは人とのつながり。だとすれば、葬儀こそ参列すべき**ではないかというのが私の考えです。

金銭的な面でみても、義理である結婚式でご祝儀をはずむのはあまり合理的なこ

家計簿いらず！月間生活費の出し方

step1 1年間の収入を出す

手取り月収×12カ月+手取り賞与
=1年間の収入

step2 年収から大きな支出・貯蓄分を引く

1年間の収入－
・1年分のローン総額
・過去1年間の大きな買い物等
・1年間の貯蓄額

step3 12で割って1カ月の平均を出す

1年間の生活費 ÷12カ月＝ 1カ月の生活費

とだとはいえません。そんなわけで、結婚式は招待状が来ても、なるだけ理由をつけて出席しないようにする。これは名付けるとすれば「割り切りダウンサイジング」ともいうべきものです。こんなことでも、出費を抑えることは可能になります。

ただ、ここまでの試算は全て「生活費」で、大きな病気にかかったときや介護が必要になったときのお金は含まれていません。それらの費用は生活費とは別に、おおよそいくらかかるのかを知っておく必要があります。それについては、社会保険労務士の井戸さんに第3章で詳しく説明してもらいましょう。

60歳以降の人生で、入ってくるお金は？

ふたつ目の分からないことが、老後に入ってくるお金です。まず**公的年金はいくらもらえるのか**。

公的年金の額は、その人の現役時代の給料と働いた期間によりますし、自営業と会社員では異なりますが、例えば、現役時代の1カ月の平均給与額が43万円の会社員で妻が専業主婦という夫婦の場合、**65歳から90歳まで受け取る公的年金の合計は、およそ6640万円**です（2019年度のモデル年金額を元に試算）。会社員はこれに加えて、退職金（一部は企業年金で支給する会社もある）がありますね。中堅企業は平均約1000万円、大企業は平均約2000万円くらいといわれています。合計した金額が、60歳以降に働かなくても入ってくるお金ということになります。

働かなくても入ってくるお金は人それぞれですから、自分はいくらなのかを知るには、公的年金なら「ねんきん定期便」を見るのが確実です。井戸さんのパート（47ページ）で分かりやすく解説します。

どれくらいあれば安心かは「入」と「出」から考える

こうやって「老後の生活費」と「老後の収入（年金）」が見えてきたら、老後のお金の〝分からない〟3つ目、**「老後のためにいくら蓄えがあればいいか分からない」**

も目安がつきます。**「入」と「出」を考えて比較すればよいからです。**42ページの表を見てください。

左が「入」。例えば先ほどの例では、65歳から90歳までで受け取る公的年金の合計は、6640万円でしたね。これに退職金の額を加えたのが「入」になります。一方で、右が「出」。こちらも先ほど計算したように、夫婦ふたりとも65歳から90歳まで25年生きるとし、1カ月25万円なら、生活費だけで7500万円となります。

「入」と「出」をそれぞれ予測してみれば、どれくらいお金が足りないかが分かり、対策を打てます。もちろん、前述したようにこれは日常生活費だけですから、これ以外に趣味や娯楽などの自己実現費、場合によってはリフォーム等の一時出費、さらに介護や病気の費用はこれとは別に考えておく必要がありますが、少なくとも**日々の生活にどれくらいお金がかかり、どれくらいあれば収支が合うのかというメドがつきます。**老後が不安だとただ漠然と言うのではなく、かかるお金はどれくらいか、入ってくるお金はどれくらいあるかの把握から、始めてみてください。

重要なのは「収入」より「収支」

現役時代の生活もそうですが、健全な家計運営に必須なのは「入りを図って出ずるを制する」こと。「入りを図る」、つまり定年後も元気なうちは働き続けることこそ、お金をつくる最強の方法だと思います。これ、実は老後のさまざまな不安の解決に一番大切なことなので、第2章（65ページ〜）でじっくり説明しましょう。

そして、「出ずるを制する」こと。いくら稼いでも出ていくお金のほうが多かったら、貯まりません。**重要なのは収入の金額の多寡より収支です。**現役時代の知り合いのなかにも、**年収1000万円でもいつもお金に困っている人と、年収300万円でも豊かに暮らしている人がいました。**給与天引きでお金を貯めて、残ったお金の範囲内で生活するという非常に基本的なお金のルールを身につけることが大切なのです。

リタイア後もできるだけ長く働く、そして収入の範囲内で生活する、このふたつを守れば老後のお金をそれほど不安に思うことも心配することもないと思います。

老後の「入」と「出」を見える化する

老後の入		老後の出	
夫婦で90歳までに受け取る公的年金の合計額＊ 6640万円	○ →	6000万円	日常生活費 月20万円の標準的生活
退職金が1000万円なら 7740万円	○ →	7500万円	日常生活費 月25万円の標準的生活
退職金が2000万円なら 8740万円	× →	1億500万円	日常生活費 月35万円のゴージャス生活

投資は苦手ならしなくてよい

お金をつくるための方法は、実は３つしかないんですね。①働いて稼ぐ、②無駄を省いて貯金する、③運用で増やす。自分の得意な方法を選べばいいのです。ちなみに私は働くのが好きなので地味に働いています。

長年、証券会社で働き、人に運用をすすめてきた人間がこんなことをいうのはなんですが、運用は苦手ならしなくていいんです。というより、**定年間際になっていきなり運用を始めることは絶対すすめられません**。金融機関の人は、よくこんなふうに言いませんか？「40歳から毎月５万円積み立てながら定年の60歳まで20年間運用を続けましょう。月５万円で１年間では60万円、20年では１２００万円、これを年３％の複利で運用できたら１６４２万円に増えますよ。複利の力はすごいですねえ」と。

でも、この考え方はどうみてもおかしいです。定期預金や国債なら固定金利ですから毎年３％ずつ複利で増えていくという考え方は成り立ちますが、投資信託や株式は価格が変動し、ある年は10％上がる、ある年は15％下がることもあるわけで、

３％複利で想定するのは無理があるのではないかと私は思っています。計算上は間違っていませんが、そもそもの前提が現実的ではないのです。

一方、月５万円を預貯金だけで置いた場合。金利がほぼゼロとすると、20年後の積み立て合計は１２００万円となります。この時点で運用した場合より、４４２万円少ないですが、例えば60歳からの10年間を月10万円で働き続けたとしたら、収入合計は１２００万円。預貯金分との合計は２４００万円で、確実かどうか分からない運用に賭けて増やした場合の想定合計額２２１１万円を上回るのです。つまり**稼いで無駄遣いせずに貯めた人の勝ち**なんです。実現できるかどうか分からない仮定の３％などという不確実な運用よりも、働いて得るお金は確実です。

私は38年間証券会社で営業マンをして、大金持ちの人をいっぱい見てきましたけれど、**投資で一財産築いた人はごくまれにしかいません。本業で一生懸命稼いで、無駄な支出を避けて貯めた人が資産をつくっているんです。**お金がある程度のかたまりになったら運用を始めるのは合理的だと思いますが、老後の不安を運用だけで解決しようと考えるのはおすすめできません。

働いて貯めた者の勝ち！

毎月5万円を積み立てて年3%複利で20年運用

↓

1642万円

↓

このお金を10年間、同じ3%複利で運用

↓

2211万円

VS

毎月5万円を金利ゼロで20年間積み立てる

↓

1200万円

↓

このお金に加えて、60歳から10年間働く

月収10万円で	月収20万円で
合計2400万円	合計3600万円

要は、働いて無駄遣いせずに貯めた者の勝ち！

「定年女子」井戸美枝

女子こそ早めに知っておく！年金はいつから、いくらもらえる？

私の専門は年金です。社会保険労務士として開業して31年になりますが、講演会やセミナーで必ず受ける質問があります。若い世代からは「自分たちは将来、年金を受け取れるのか」、すでに年金を受給している世代は「今の年金を受け続けることができるのだろうか」です。

年金について分かっておきたいのは、**これから先、年金額が目減りはするでしょうが、年金がうけとれなくなることはまずないということ。**２０１９年に、厚生労働省はおおむね１００年にわたり年金制度が健全性を保てるよう財政検証がおこなわれました。これからも5年に1度検証がおこなわれていきます。

私たちの退職後の生活費のベースは、公的年金です。ただし、**将来的に年金だけで生活をするのは難しい。**これも現実です。将来もらえる年金は、モデル世帯で「その時点の現役世代の男性の手取り収入の50％」（＝所得代替率といい、現役世代のボーナス込みの手取り所得に対する年金額の比率。自分が現役世代だったときの収入の50％ではない）とされています。50％とは、年金額が現在の価値より2割目減りするということです。年金制度は１００年後も続くけれど、年金以外にも老後のお金（蓄えか収入）は絶対必要ということなのです。

あの「はがき」で私の年金額が、ずばり分かる

私たちは毎月、保険料を支払って、年金を受け取る権利を積み立てています。まずは**自分の受取額がいくらかを確認してください。「ねんきん定期便」や「ねんきんネット」で見れば、およその額が分かります。**

「ねんきん定期便」は毎年お誕生月にはがき（35歳、45歳、59歳の節目年齢の人は詳細を封書）で届きます。**自分の年金について知ることができる大事なものです。**

50歳未満と50歳以上で、記載内容が少し異なります。

50歳未満の人の「ねんきん定期便」には、これまでの加入実績による年金額が記載されています。**今後も保険料を納めることで、将来受け取れる年金額は記載され**

50歳未満の人の「ねんきん定期便」

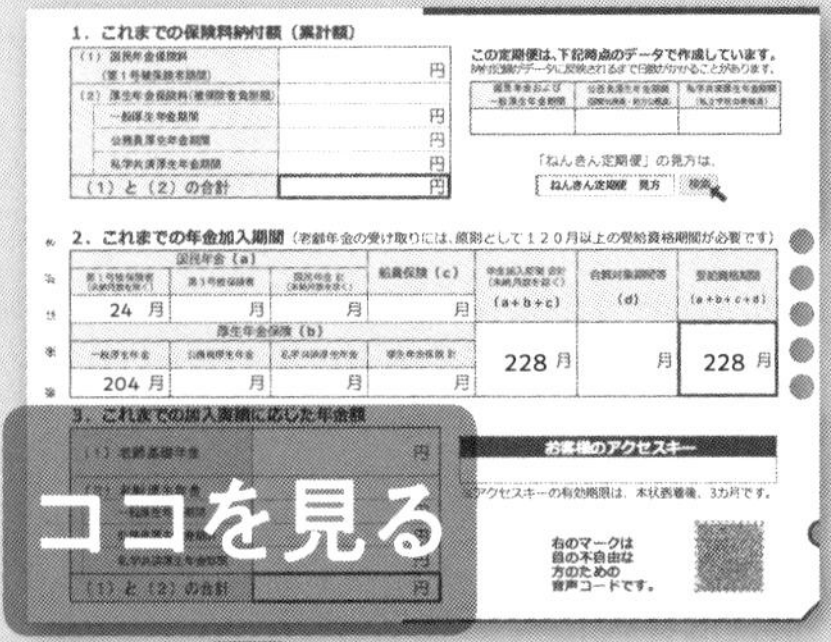

3．これまでの加入実績に応じた年金額	
（1）老齢基礎年金	390,900 円
（2）老齢厚生年金	
一般厚生年金期間	472,800 円
公務員厚生年金期間	円
私学共済厚生年金期間	円
（1）と（2）の合計	863,700 円

これまでの加入実績による年金見込み額

今後も保険料を納めることで、将来の年金額は記載された額より多くなる

注：例として記載したのは1980年生まれで2020年現在40歳の会社員の40歳時点での年金見込み額。 2002年から2003年3月まで（12カ月）の標準報酬月額36万円、2004年4月～2020年4月（192カ月）は標準報酬額42万円で試算。

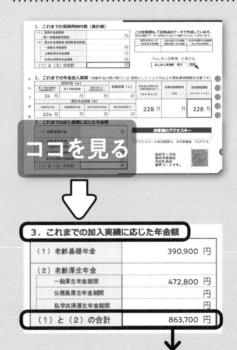

50歳以上の人の「ねんきん定期便」

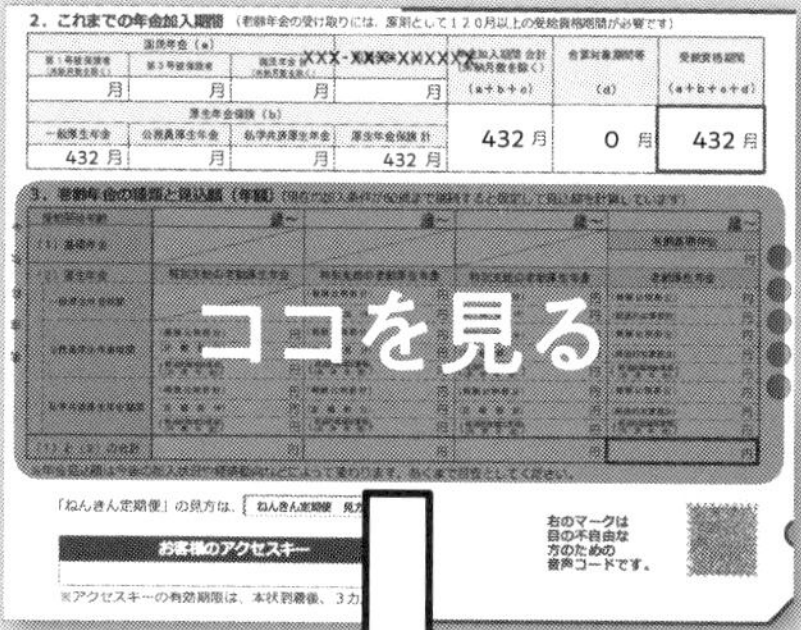

3．老齢年金の種類と見込額（年額）（現在の加入条件が60歳まで継続すると仮定して見込額を計算しています）

受給開始年齢		歳～	歳～	歳～	65 歳～
（1）基礎年金					老齢基礎年金 781,700 円
（2）厚生年金		特別支給の老齢厚生年金	特別支給の老齢厚生年金	特別支給の老齢厚生年金	老齢厚生年金
	一般厚生年金期間		（報酬比例部分） 円	（報酬比例部分） 円	報酬比例部分） 1,185,500円
			（定額部分） 円	（定額部分） 円	経過的加算部分） 円
	公務員厚生年金期間	（報酬比例部分） 円	（報酬比例部分） 円	（報酬比例部分） 円	報酬比例部分） 円
		（定額部分） 円	（定額部分） 円	（定額部分） 円	経過的加算部分） 円
		（経過的職域加算額（共済年金）） 円	（経過的職域加算額（共済年金）） 円	（経過的職域加算額（共済年金）） 円	経過的職域加算額（共済年金）） 円
	私学共済厚生年金期間	（報酬比例部分） 円	（報酬比例部分） 円	（報酬比例部分） 円	報酬比例部分） 円
		（定額部分） 円	（定額部分） 円	（定額部分） 円	経過的加算部分） 円
		（経過的職域加算額（共済年金）） 円	（経過的職域加算額（共済年金）） 円	（経過的職域加算額（共済年金）） 円	
（1）と（2）の合計		円	円	円	1,967,200 円

※年金見込額は今後の加入状況や経済動向などによって変わります。あくまで目安としてください。

将来の年金見込み額

このまま60歳まで勤め続けた場合の年金見込み額が記載されている。

注：例として記載したのは1963年生まれで2020年現在57歳の65歳時点での年金見込み額。1985年～2023年まで社員で1985年～2003年3月（216カ月）の標準報酬月額36万円、2003年4月～の標準報酬額48万円で試算。

た額よりも増えていきます。万一、会社員の夫が亡くなった場合は、老齢厚生年金額の75％が遺族厚生年金として妻に支給されます。

50歳以上の人の「ねんきん定期便」には、**このまま60歳まで勤め続けた場合の年金見込み額が記載されています。**下半分にある「2. 老齢年金の種類と見込額」の欄をチェック。受け取りが始まる年齢と見込額が記載されています。なお、昭和36年（女性は昭和41年）4月2日以降に生まれた人は、公的年金の受け取りは65歳からです。それ以前に生まれた人は、65歳以前に報酬比例部分の老齢厚生年金を受け取ることができます。

また**「ねんきんネット」**の登録には、基礎年金番号とアクセスキーが必要です。登録すると、**24時間いつでもパソコンやスマートフォンから自分の年金加入記録や見込み額を確認することができます。**ねんきん定期便にアクセスキーが記載されています。お誕生日にねんきん定期便が到着してから、3カ月間有効です。3カ月経過後は、日本年金機構からアクセスキーの番号を取り寄せます。

現在40～50代の人の公的年金はいくらくらいか。ざっくりした目安を53ページの一覧表でチェックしてください。現役時代の年収が高い人ほど公的年金も多くなります。表は20歳で国民年金に加入し、22歳から60歳まで勤務先で厚生年金に加入した場合の受取額です。自営業やフリーの人は、国民年金に40年加入した場合、年収にかかわらず78万1700円（2020年価額）、40年未満なら加入期間により決まります。

年金額、実際の手取りは約1割減

よく年金の話で出てくるのが**会社員と専業主婦の妻のモデルケース**です。平均的な男子の賃金で40年間厚生年金に加入した夫と、40年間専業主婦の妻という設定で、受け取る**公的年金の額は、夫婦合わせて月22万〜23万円**になります。ただし、この数字を見て、「うちは生活費20万円くらいだから大丈夫そう」と思うのは早合点。**公的年金が一定額以上の人は、年金から所得税や住民税を天引きされるし、社会保険料の支払いは老後も続きます**。特に社会保険料の負担が大きいです。社会保険料とは、健康保険料、介護保険料、75歳以上になったら加入する後期高齢者医療制度の保険料のこと。

老後の年金から税金と社会保険料を引いた可処分所得は、モデルケースの場合、**公的年金月額22万円に対して、税や社会保険料を除いた手取りで19・7万円程度に**なります。

社会保険料は、今後は上がっていく可能性が高いでしょう。**ねんきん定期便に書かれた額面どおりの年金額が手元に入るわけではない**ことは覚えてきましょう。

定年後に入ってくるお金を一覧表に

そして、ぜひ実行していただきたいのが、**いつから、いくら年金を受け取れるのかを一覧表にまとめておくこと**です。国民年金は65歳から。会社員ならこれに厚生年金が上乗せされてこちらも満額もらえるのは65歳から。昭和36年（女性は昭和41年）4月1日以前に生まれた人は、報酬比例部分として年金の一部支給を65歳以前に受けられますが、いずれにしても60歳で定年退職した後、年金がもらえない「空白期間」があることを知っておきましょう。また、会社員の妻は、夫の定年退職後

年収×年齢別 公的年金額の目安

会社員の場合

現役時代の年収が多い人ほど、公的年金額も多くなる。20歳で国民年金に加入し、22歳から60歳まで勤務先で厚生年金に加入した場合の受取額は下表のとおり

現役時代の平均年収＼現在の年齢	59歳以下 昭和36年4月2日生まれ以降	61歳~60歳 昭和34年4月2日生まれ~昭和36年4月1日生まれ
300万円	年140万4900円	64歳から 62万4800円 65歳から 140万6500円
400万円	年160万4900円	64歳から 82万4800円 65歳から 160万6500円
500万円	年182万9800円	64歳から 104万9700円 65歳から 183万1400円
600万円	年202万9800円	64歳から 124万9700円 65歳から 203万1400円

＊男性の場合。女性の場合は5年遅れ

自営業・フリーランスの場合

自営業者が加入する国民年金は、年収にかかわらず現役時代の月額の保険料が同額。65歳から受け取る公的年金は、20歳から60歳まで40年間加入で満額。40年未満の場合は加入期間により決まる

20歳から60歳まで40年加入なら… 年間78万1700円　月額では6万5000円

＊2020年価額

は60歳までは自分の国民年金保険料を払わなければならないのも覚えておきたいことです。

47ページに書いたとおり、「ねんきん定期便」にいつから、いくらもらえるか見込み額が書いてあるので、それを参考に一覧表を作りましょう。金額はざっくり、万円単位で記入します。現状は、厚生年金が月10万円から12万円、国民年金は月5万円くらいの方が多いですね。国民年金の満額は約6万5000円ですが、現在は、満額もらっている人は少ないです。

公的年金の他に、企業年金が出る人、個人年金保険に加入してきた人は、これも記入します。企業年金は退職金の一部が年金として支払われるもの。個人年金は生命保険や損害保険で個人的に加入してきたものです。

一覧表を作ったことで、退職後に入ってくるお金が、おおまかに分かりました。夫婦ふたりの生活費をざっくり試算して、年金収入との収支を年ごとにシミュレーションしてみてください。例えば月25万円だとすると、年間の生活費は合計300万円。足りなかったら、その分を働いて補ったり、手持ちの資産を取り崩すかを考えることになります。ちなみに、我が家の生活費は月18万円くらいです。

「年金カレンダー」を作ってみよう

夫婦とも1963年生まれで年金支給開始が夫が65歳、妻は63歳の場合のモデル一覧表

夫：1963年生まれ、38年間会社員。入社～2003年3月まで18年間の標準報酬月額は36万円、2003年4月～2020年までの標準報酬額は48万円。国民年金40年加入。年間の公的年金支給額は厚生年金118万5500円、国民年金78万1700円。
妻：1963年生まれ、6年間会社員として働き退社、以降専業主婦に。会社員期間の標準報酬月額は15万円。国民年金40年加入。年間の公的年金支給額は厚生年金7万7000円、国民年金78万1700円。
＊2020年価額

公的年金
国からもらうお金

企業年金
勤務先から退職金の一部としてもらうお金。企業年金がない会社も

個人年金保険
自分が加入して掛け金を払い続けてきた保険。額や期間は保険証書に書いてある

	公的年金		企業年金	個人年金保険		
	夫	妻	夫	夫	支給額の合計	年間の収支
60歳	0	0	60万円	100万円	160万円	▲140万円
61歳	0	0	60万円	100万円	160万円	▲140万円
62歳	0	0	60万円	100万円	160万円	▲140万円
63歳	0	8万円	60万円	100万円	168万円	▲132万円
64歳	0	8万円	60万円	100万円	168万円	▲132万円
65歳	197万円	86万円	60万円	100万円	443万円	143万円
66歳	197万円	86万円	60万円	100万円	443万円	143万円
67歳	197万円	86万円	60万円		343万円	43万円
68歳	197万円	86万円	60万円		343万円	43万円
69歳	197万円	86万円	60万円		343万円	43万円
70歳	197万円	86万円	60万円		343万円	43万円
71歳	197万円	86万円			283万円	▲17万円
⋮						

＊年間の収支は年間生活費300万円で試算。▲は赤字

また、退職直後の方の家計相談に共通するのが、退職のときに、家の修繕に結構大きなお金を使われること。広々とした間取りや素敵な収納スペースづくりもいいのですが、その前についのすみかをどうするかをぜひ考えてほしいです。今の家で100歳まで生きるとしたらあと何回、修繕が必要か。もし介護施設に入るとしたらいくらかかるか。そういう見積もりもしておきたいですね。病気や介護、ついのすみかにかかる費用は第3章で詳しくお話ししましょう。

年金を賢くもらうコツ

基本的な生活費は大江家月22万円、井戸家18万円

司会　おふたりに聞きたいんですが、１カ月の生活費が22万円と18万円って、ホントですか？

大江　日常生活費だけに限れば、そんなもんです。ただ、私は旅行が好きなので、その分は毎月の生活費では無理ですね。旅行の分は、毎月の生活費をまかなう年金や給料とは別に、貯金から下ろして使います。

司会　自己実現費も含めた出費は？

大江　外食は、仕事以外ではあまりしません。旅行は、海外なら夫婦合わせて1回15万～50万円くらいでしょうか。

井戸　夫と成人した子供と私の3人暮らしで食費、光熱費など基本的な生活費が月15万円。車が必要なところに住んでいるので、車の経費を2台分プラスしても月18万円くらいです。都心に暮らしているわけではないので、食費や生活費はちょっと低めかもしれませんね。

公的年金は破綻しないってホントに本音？

司会　公的年金についてですが、専門家の井戸さんは「目減りすることはあっても、もらえなくなることはない」と言う。でも若い人たちは、自分たち世代になったら、年金は出ないだろうと不安がっています。誰かがあおっているのでしょうか？

大江　証券会社に勤めていた頃、私もあおってましたよ（笑）。**私自身も30歳くらいの頃は、「俺たちは老後に年金なんかもらえないよな、きっと」と信じていまし**

た。

司会　井戸さん、ファイナンシャル・プランナーの立場から、どうですか？

井戸　**仕組みをちゃんと知らずに「年金は出ない」と思い込んでしまっている人が多いように感じます。**もちろん年金財政は厳しいので、年金額の調整などは続くでしょう。2016年12月には、現役世代の賃金が下がったときには年金の支給額も減らす制度ができました。ただ、仕組み自体を変えるのは法律も変えないといけないので、年金制度が急激に大きく変わることはないと思います。気になるのは、団塊の世代の高齢化ですね。

司会　戦後の1947〜1949年と、その前後に生まれた人たちですね。

井戸　団塊の世代が全員、後期高齢者といわれる75歳になるのが2025年。日本人全体の約2割が75歳以上になります。それに伴い社会保険からまかなう介護や医療費の負担が増えて、加入者の保険料負担と給付のバランスをどうとるかが大きな問題となってきます。

司会　その結果、年金の支給開始年齢も上がりそうですか？

井戸　今、年金支給開始年齢を60歳から段階的に引き上げ、原則65歳からの支給になりつつあります。結果的に60歳で定年退職したら、年金支給までの5年間無収入の人が続出してしまう。そこで国は、企業に定年を65歳まで延長することをうながしたり、60歳以降65歳まで働く人に手当を出したりする制度をつくったのです。２０１７年からは、65歳から新たに働く人も雇用保険の対象者（被保険者）になりました。**働く期間を長くし、企業年金などを受けとりながら、公的年金を遅くもらう**「繰り下げ支給」の仕組みを利用するのが安心でしょう。

「繰り下げ支給」で妻のおひとり老後に備え

井戸　年金で心配なのは、女性がひとりになったときです。会社員と専業主婦のモデルケースで、夫婦ふたりで月22万円の公的年金を受け取っていた場合、夫が亡くなり妻がひとりになると、夫の老齢厚生年金分の75％の約7万円は遺族厚生年金としてもらえますが、夫の老齢基礎年金は全額なくなります。妻自身の老齢基礎年金と合わせても年金は月額14万円弱くらい。夫が企業年金をもらっていた場合はその分も全額もらえなくなるので、**収入はほぼ半額になると覚悟**しておいたほうがいいでしょう。ところが、**ひとりになったから生活レベルを半分に落とせるかというと、そうでもないんです。**

大江　公的年金の満額支給は65歳からですけど、最大で70歳まで遅らせることができ、その分、1回あたりの支給額は増えますよね。**夫の年金は65歳からもらって先に生活費にあて、妻の年金は70歳までもらうのを待つ**ことで、恐らくは夫より長生きするだろう妻のおひとり老後に備えるのは「アリ」ですか？

井戸　**繰り下げ支給ですね。受け取るのを遅らせることで、1年あたりの支給額は約8％増えます**から、特に夫婦共働きで妻の年金額も多い場合には効果が大きいです。**70歳まで遅らせると支給額は42％増**にもなります。ただし、その分、もらえる期間は短くなるので、支給開始を70歳まで遅らせた場合には、81歳以上生きないと、65歳から受け取り続けた場合に比べて総額では少なくなってしまいます。つまり、繰り下げは長生きをした方がおトクな制度なのです。もし、81才より前に亡くなった場合は、あきらめましょう（笑）。年金は長生きリスクをある程度保障する保険なのです。年金額を増やしておくと、安心感にもつながりますね。

大江　こういうことは、年金を受け取る前にぜひ知っておきたいですよね。

井戸　年金は一度受け取り始めると変更はできないので、いつから年金を受け取るか、50代に入ったらスタート時期をぜひ考えてほしいですね。また、年金は自分から申請しないと受け取れないことも知っておいてください。加入期間が10年以上などの受給資格を満たし、65歳の受給開始日が近づくと、年金を請求するための資料一式が送られてきます。これを持って年金事務所に手続きに行きます。繰り下げ受給をしたい人は、受け取りたくなったら請求すればいいのです。ただし、**70歳以上の繰り下げには増額はなく、年金を受け取る権利は5年で消滅**しますから70歳までには請求しましょう。２０１９年の年金部会の改正案では、現行の70才から75才へと拡大する案が提出されており、選択肢が増えていきそうです。

第1章まとめ

●老後のお金の不安の原因

❶老後の生活費がいくらかかるか分からない
❷老後の収入（年金）が分からない
❸老後の蓄え、いくらあれば安心かが分からない

●不安解消には老後の収支の見当をつけること

❶現役の今から、ざっくり家計簿で支出を把握しよう
❷ねんきん定期便で年金の見込み額を確認しよう
❸入と出のマトリックスから、準備する額を考えよう

●公的年金をちゃんと知ろう

❶公的年金はなくならない
❷ただし、公的年金だけで生活するのは難しい
❸ねんきん定期便やねんきんネットを活用しよう
❹いつからどんな年金をいくらもらえるか、一覧表を作ろう
❺年金の受け取り開始時期を考えておこう

●見落としがちだけど実は大事なこと

❶日常生活費以外の費用の見積もり
❷投資は苦手ならしなくてよい
❸定年女子、最後はひとりの覚悟
❹公的年金からも税金・社会保険料が引かれる
❺老後の社会保険料負担は確実に高くなる

第2章

月8万円の収入で「老後の赤字」は消える

定年後も働くことこそ、老後不安の最強の解決法

働けば、貧困・病気・孤独が解消できる

この本のテーマは、定年後つまり老後です。そして「老後の不安」は、雑誌で特集をすると必ず売れるくらい最近はテッパン企画になっています。老後の不安をなくすにはいったいどうしたらいいか……雑誌的には貯蓄をすればいいとか投資をすればいいとか、そういう話になります。もちろん貯蓄や投資は、経済的な不安をなくすためにとても重要であることは間違いありません。

ただ、それだけで老後の不安がなくなるかというと、そうではないんです。ほかにも、老後の不安はいろいろあります。健康の不安、働けなくなる不安、社会や人とのつながりがなくなる不安、孤独に陥る不安……。そういうものは、**貯蓄や投資**

だけではなくすことはできません。

じゃあ、どうしたら老後の不安をなくせるか。私は「老後」をなくせばいいんだとある日、気がつきました。老後とは、働くのをやめて引退したときから始まる。だったら、生涯現役で働き続ければ老後はなくなる。老後が不安なら、可能な限り働き続ければよいのです。

先日、テレビを見ていたら「これからの日本人は、65歳以上も働かなければ食べていけない」と、定年後に働くことを、どちらかというと暗い未来予測として取り上げていました。しかし**生涯現役で働き続けると、私たちの人生はむしろ明るく楽しくなる**と感じています。なぜなら、働き続けることで、一般的にいわれる老後の不安である、貧困、病気、孤独、これらが、かなり解消されるからです。

例えば貧困。働いている限り、お金は多少なりとも稼げます。次に病気。何もすることがなくて家にぼーっと引きこもってしまうから、心身ともに調子が悪くなってしまうのです。働いていると、そこそこ健康は維持できる、維持しやすいと思います。それから孤独。これも働くことによって、周りの人とつながりますから、かなり解消することができます。

「生涯現役」の3つの選択

60歳から何をして過ごすか、左ページの図のように整理してみました。仕事をする・しないによって、さまざまな選択肢があります。

右が「仕事をしない」場合。といっても、報酬を得るための仕事をしないという意味です。家でごろごろ寝ころんでテレビを見たり新聞ばっかり読んだりしているわけではなく、趣味や団体活動、学習などの活動のことです。

左が「仕事をする」場合。ボランティアではなく、収入につながる仕事です。じゃあ、どうやって働くんだということですが、**定年後の働き方のパターンは3つあります**。ひとつ目が**定年退職した会社に再雇用**されて働く。会社員は、これが一番多いでしょう。ふたつ目が、**経験と人脈を生かして転職**する。そして3つ目が**起業して自営業**になる。私は3つ目ですね。

それぞれに注意するべきことがあります。

60歳から何をして過ごす？

仕事をする（収入あり）	仕事をしない（収入なし）
1 再雇用	1 趣味
2 転職	2 団体活動
3 起業	3 生涯学習

部長さん要注意！再雇用後のふるまい

もしも今の会社で将来再雇用されることを考えているなら、心に留めておくべきことがあります。まず、再雇用後は、**人の話をよく聞くこと**。定年退職を迎える人は、管理職だった人が多いわけです。管理職って、人の話を聞きません。自分ではいろいろ指示を出したり、いっぱいしゃべるんですけど、部下が報告すると、「分かった、分かった、よし、じゃあ」とパッと結論を出す。それは当たり前なんですよ。管理職は、スピーディーに決断をして指示しなきゃいけないから。だけど**再雇用後は一兵卒です**。**誰もあなたの話を聞きたいと思っていない**。上司の話を聞くのは、その人が人事評価の権利をもっているからだけなんです。そうでなくなったら、おもしろくもない話、誰も聞きたくないです。であれば、自分の話をするのではなく、人の話を聞いてあげることが大事です。

ふたつ目は、**余計なプライドを捨てること**。えらくもなんともないんですから。**コピーも雑用も自分でやりましょう。**

働き方の3つのパターン

パターン1
定年退職後に再雇用で働く

パターン2
経験と人脈を生かして転職する

パターン3
起業する（自営業になる）

そして3つ目が、**必要最小限のスキルを身につけておくこと**。例えば、文書や資料をパソコンで作ることや実務を執行するための細かい知識など、あなたが管理職でいる間は、現場の部下が代わりにやってくれます。自分は、報告を受けて判断するだけ。ところが、再雇用後は**実務知識のない人間は職場のお荷物**です。だから再雇用って結構、大変なんですよ。それから、**再雇用に応じると65歳でほぼ確実に職を失う**ことを覚悟してください。ほとんどの場合、65歳以降は雇ってくれません。特に大企業になればなるほど。

中小企業は違いますね。同級生に町工場の経営者がいますが、最高齢の従業員は85歳。新卒をなかなか採用できないので、スキルを持っている人には元気で働けるうちは働いてほしいということです。しかし大企業の場合は、本音は早く辞めてほしいんです。だから**65歳まで再雇用でぼんやり過ごしてしまうのはリスキー**だと思います。なぜならほとんどの人は、再雇用の間に仕事に対するテンションが下がってしまうからです。そこから自分で仕事をしたいと思っても、なかなか難しいのです。本当に生涯現役、少なくとも70歳くらいまで働きたいなら、できれば55歳くらいから準備をして、古巣の外に出ることも考えてみるのがおすすめです。

定年後の再就職活動、かつては当たり前だった

私は14ページにも書いたとおり、定年後も働こうと思ったのが退職する日の半年前でした。準備期間が短かったので、半年間再雇用で働き、その後独立。**1年くらいは仕事が全くありませんでした。**このまま無収入のままなのかな、それでも仕方がないなと思った時期もありました。

55歳くらいから準備をしていれば、再雇用以外の選択肢が広がります。例えばほかの会社への再就職や、定年前に転職することですね。50歳過ぎてから就職活動なんて、と思いますか？　実は**昔の会社員は、定年後の再就職って当たり前だった**んですよ。私が入社した1960年代や70年代は、多くの会社が55歳定年で、一方、年金支給開始は60歳からでした。つまり退職後、年金の支給まで5年ほど時間があったわけです。どうしていたかというと、自分でツテを頼って再就職して、5年なり10年なり働いて、それから年金をもらっていたんです。

ところが1994年に、高年齢者雇用安定法という法律で定年を60歳以上に引き

上げることが義務化されました。これによって、60歳の定年と同時に年金をもらえるという新しい常識が生まれてしまったんですね。しかし、ご承知のとおり1994年から年金の支給開始年齢を段階的に引き上げるようになったことで、「えっ、60歳で定年で、65歳からしか年金もらえへんのやったら、その5年間どないしてくれるんや！」と文句を言う人が出てきたわけです。**甘えちゃいけません。昔は白分で仕事を探して再就職してたんです。**私の兄もそうでしたし、私の父親もそうです。妻の父親もみんな第2の職場を自分で探してたんですよ。だから今でも、できないことはないはず。そういうふうに再就職した人は、私の知り合いにもいっぱいいます。

〝華麗なる転職〟ならぬ〝加齢による転職〟

再就職を含む転職では当然、その人が持っている会社員としての力、例えば営業能力、経理の知識、総務的な能力など専門性が評価されての採用ですから、**新しい職場では重宝されます。**この点が、再雇用とは大きく違います。気分も変わりますよね。そのまま同じ職場での再雇用だと、その人のイメージが出来上がっています

再雇用後に注意すべきこと

1 人の話をよく聞くこと

誰もあなたの話を
聞きたいとは思っていない

2 余計なプライドは捨てること

あなたは
えらくもなんともない

3 必要最小限のスキルを!

実務知識、パソコン

けど、新しい場所ではイチからのスタートになるわけですから。

ただ、気をつけなければいけないのは、**勘違いしちゃいけない**ということです。転職というと、すごく高いスキルを持って、高額の報酬で外資系企業にヘッドハントされる、そんなイメージがあります。いわば「華麗なる転職」。でも、**定年後の転職は、単なる「加齢による転職」**です（笑）。それをふまえて、**自分なりに自分をどう売り込むか**です。

さらに転職・再就職後の注意点は、ひとつ目が、**前の会社を引きずらない**こと。特に元大企業の人は、これで嫌われます。ふたつ目が新しい価値観を受け入れること。中小企業は社長が法律です。社長の希望をかなえてあげるのが大事です。3つ目が自分の役割を勘違いしないこと。何で会社に貢献するかを、明確にすることです。

60歳からの起業は「月3万円稼ぐ」規模で

60歳からの働き方には起業もあります。起業といっても、**大それたことを考える**

必要はないんです。月に3万円でも5万円でもいい。**お小遣いを稼げる程度で**いいから、自分の好きな仕事をして、それで稼げればいいくらいに考えたほうがいいでしょう。

私は**60歳以降のほうが起業には向いている**と思っています。なぜかというと、私も40年近くサラリーマンしていましたから分かりますけれど、会社員は不満だらけです。気に入らないことばっかりですよ。なぜなら自分の思いどおりにならないから。でも、組織の一員ですからね。自分の思いどおりにならないのは当たり前なんです。だけど、よほどのことがない限り、簡単にはクビになりません。不満だらけだけれど、不安はないんです。

自営業は逆ですね。明日、突然仕事が来なくなるかもしれない。ただし不安はあるが、不満はないです。だって、自分の好きなことやっているから。

40代で起業した場合、不安は大きいですね。しかし60歳でリタイア後に起業した場合、多くの人は不安も不満もなくなります。**65歳になれば年金がもらえるし、会社によっては退職金もある。全く食べていけないということはない**。借金するとか、無謀な投資をするとか、そんなことさえしなければ、定年後に自分で独立して働くのもひとつの選択肢です。

60歳からは嫌な仕事はしない

再雇用、転職、起業、いずれの場合も、60歳からの仕事の大原則があると私は思っています。

まず、自分の好きなことをすること。身も蓋もない言い方をしてしまうと、会社に自由を売り渡す代わりに身分の安定を買うのが会社員だと思います。私自身、ずっとそうでした。だけど、**会社を辞めた後まで嫌な仕事をする必要はない**。自分の好きなことをする。

次に、お金が全てではなく、多少なりとも**世の中の役に立つことをしよう**ということ。

最後に、無理をしちゃいけない。**自分のできる範囲内で、できることをすること**だと思います。

転職・再就職で注意すべきこと

1 前の会社を引きずらない

これが一番
嫌われること

2 新しい価値観を受け入れる

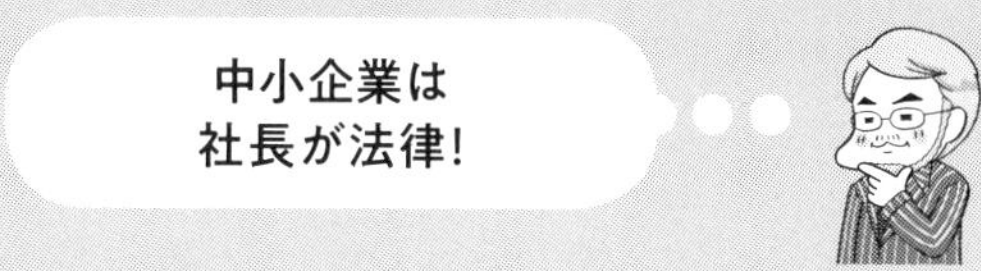
中小企業は
社長が法律!

3 何で貢献するかを明確に

自分の役割を
勘違いしないこと

働き方で異なる、60歳からの収入

60歳からの働き方の3つのパターンを紹介しましたが、定年後の収入は働き方によって全然違ってきます。再雇用や転職・再就職の場合、65歳までは安定して給料が入ってきますが、そこから先は収入はありません。起業して自営業になった場合は、引退の時期は自分で決められるので、好きなだけ働けます。

もちろん、一切働かないという選択肢もあります。その場合は60歳以後は収入がなく、公的年金も65歳からですから、頼りは元会社員なら企業年金や退職金、そして自分の蓄えとなります。どのようなパターンを目指すのか、考えておく必要があります。

私は前述したとおり、働くことが一番いいと思います。先ほども述べましたが、働くことで老後の不安のかなりの部分が解消されますし、60歳以降のキャッシュフローが、全然違ってくるからです。

働き方と定年後の収入パターン

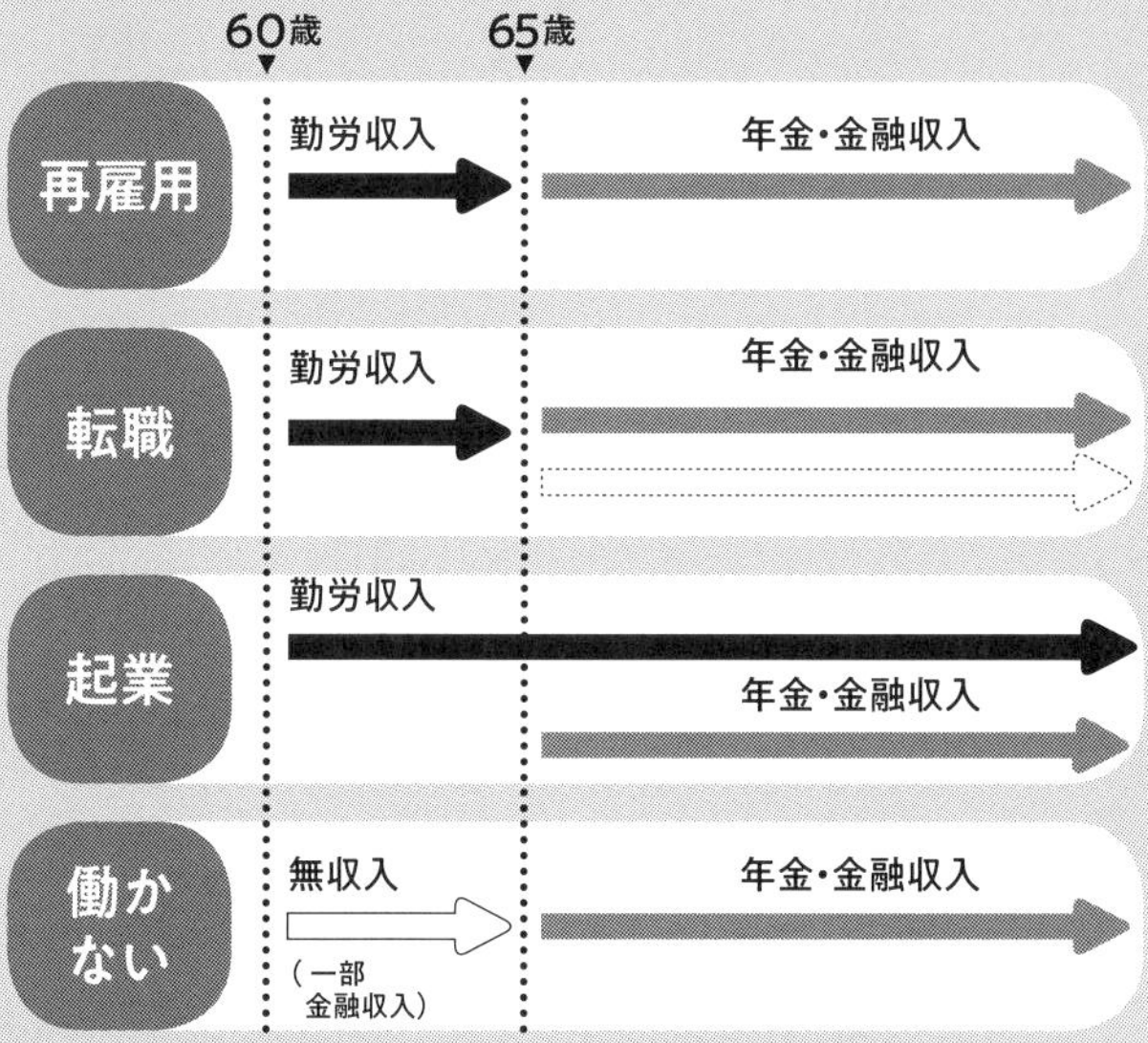

働き続けることで「私の価値」は1000万円以上にも

人的資本という考え方があります。人的資本とは、人が働いて稼ぐ力です。60歳で仕事をやめたら、人的資本は60歳時点でゼロです。それはそうですね。もうお金が入ってこないんですから。

だけど、65歳まで働いて、例えば月に20万円稼ぐと仮定すると、1年で240万円、5年間で1200万円。これを長期金利・年2%として割り引いて現在価値を求めると、60歳時点での人的資本は1131万円になります。つまり、65歳まで働くことを決めた瞬間に、この人は現在1131万円の資産を持っているのと同じ価値があることになります。

仮に70歳まで働くとすれば、60歳時点でのあなたの人的資本は2156万円。働き続けることで、老後不安はかなり解消します。事実、70歳まで働く人は結構いますよね。内閣府の調べでは、65～69歳まで働いている男性は、49％＊。2人に1人は70歳近くまで働いています。

60歳時点でのあなたの「価値」

何歳まで働くつもりか		あなたの人的資本*
60歳まで	⇒	0円
65歳まで	⇒	1131万円
70歳まで	⇒	2156万円
75歳まで	⇒	3084万円
80歳まで	⇒	3924万円

＊月収20万円と仮定して長期金利2%で割り引いた、60歳時点での現在価値

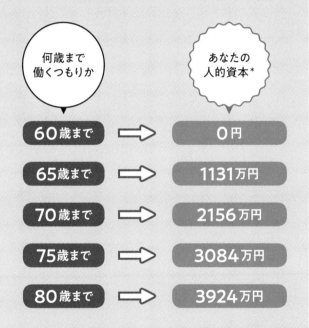

「定年女子」井戸美枝

会社員も主婦も、心理テストで定年後の〝適職〟に出合おう

定年夫婦の家計赤字は、平均で年１００万円

大江さんのご指摘のとおり、老後の不安は仕事をすることで、意外なほど解消されます。私はファイナンシャル・プランナーとして、サラリーマン家庭の老後のキャッシュフロー表を作ることがよくあるのですが、夫がサラリーマン、妻が専業主婦の家庭で、夫の定年退職後に**年金収入だけで生活しようとなると**、日常生活費に自己実現費なども加えた場合、**だいたい年間１００万円から１５０万円くらい赤字**になってしまうケースが多いんです。ということは、**定年退職後、年間１００万円、月にして8万円強ほど稼げれば**、家計の赤字がほぼなくなるというわけです。

今40代、50代の現役の方にとっては、定年後の転職、再就職はなかなか想像がつかないと思うのですが、**１カ月に８万円稼げる仕事で十分と考えれば、ぐっとハードルが下がりませんか？**　なんなら、夫ひとりでなく、夫と妻、ふたり合わせて月８万円でもいいですし、それぞれが月８万円の収入があれば、老後の家計はさらに豊かになります。

子供も巣立ち、自分たちの生活を維持するための仕事ですから、金額も働き方も、現役時代よりも自由に、自分たち本位で考えてみてはいかがでしょう。

定年退職後の適職は？　心理テストに挑戦！

私、実は資格マニアなんです。社会保険労務士のほかに、宅地建物取引士の合格者でもありますし、産業カウンセラーやＤＣ（企業年金）プランナーなどの資格も持っています。大学は社会学部で心理学を勉強していましたので、心理学が関係するカウンセラーなども持っています。どうしてそうなったかというと、実は、自分にもっと向いている仕事があるんじゃないかと、探し続けた結果なんです。

定年退職後にもう一度働くなら、今と違う仕事、もっと自分に合った仕事をしてみたいなと思いませんか？　だとしたら、自分に合う仕事って何でしょうか？　心理学は心と行動の関係を解き明かす学問です。行動につながる自分自身の本質について、産業カウンセラーとしての私からアドバイスさせてください。

本質と行動の関係を、左ページの図にしてみました。真ん中の青い丸に「本質」とあります。これは、持って生まれた資質です。基本的に生涯、変わることはありません。その周りに、考え方、感情、価値観がありますね。これは本能的な欲求関係です。本来は、その人の本質により人それぞれ違います。しかし、年齢や職業、周りにいる人などで変わってくることも。そして、態度や行動、言葉が外に表れるものということです。

いかにも銀行員っぽい、公務員っぽい人っていらっしゃいますよね。でも、本来の自分は真逆のタイプという人もなかにはいるのでは？　長年の職業生活のなかで、人に見せる自分と本来の自分とが異なってしまったということも多々あるでしょう。しんどいですね。

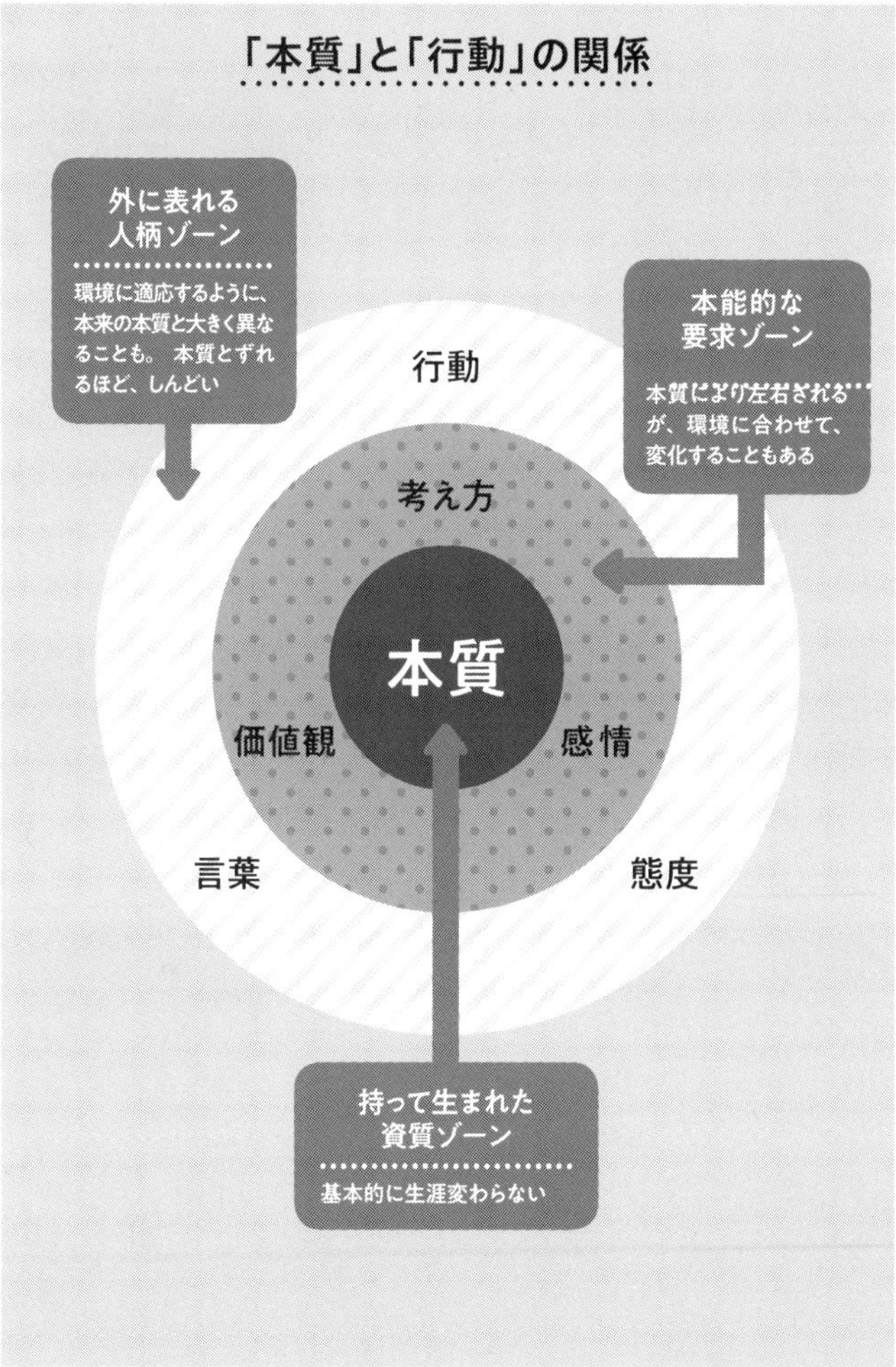
「本質」と「行動」の関係
外に表れる
人柄ゾーン
環境に適応するように、本来の本質と大きく異なることも。本質とずれるほど、しんどい
本能的な
要求ゾーン
本質により左右されるが、環境に合わせて、変化することもある
行動
考え方
本質
価値観
感情
言葉
態度
持って生まれた
資質ゾーン
基本的に生涯変わらない

ここからは心理ゲームです。有名なのでご存じの方もいるかもしれません。**あなたが、人生で何を大切にしているかが分かります。牛、馬、羊、猿、ライオン、5匹の動物を連れて旅に出るとします。途中で1匹ずつ捨てていきます。**牛、馬、羊、猿、ライオン。**捨てていく順番を直感で答えてください。**いかがでしょうか？では、順に解説しましょう。

牛は、仕事を表しています。もしあなたが一番に捨てたものが牛なら、一番捨てたいものは仕事ということになります。馬は、お金を表しています。馬を捨てた人は、お金にあまりこだわらない方なんだと思います。羊は、残しておいてほしいですね。恋人です。あるいは配偶者です。そして猿は子供です。猿を捨てた人は、子供はいらないかなと思う自分もあるのだろうと。最後はライオン。これはプライドです。

心理ゲームですから、絶対ではありませんが、傾向は少し分かりますね。こういう価値観は、年をとってもあまり変わらないものなんです。

左ページの図はタイプです。米国の行動心理学者のウイリアム・ムートン・マーストン博士がつくったDiSCという自己分析ツールを基にした分類です。イメー

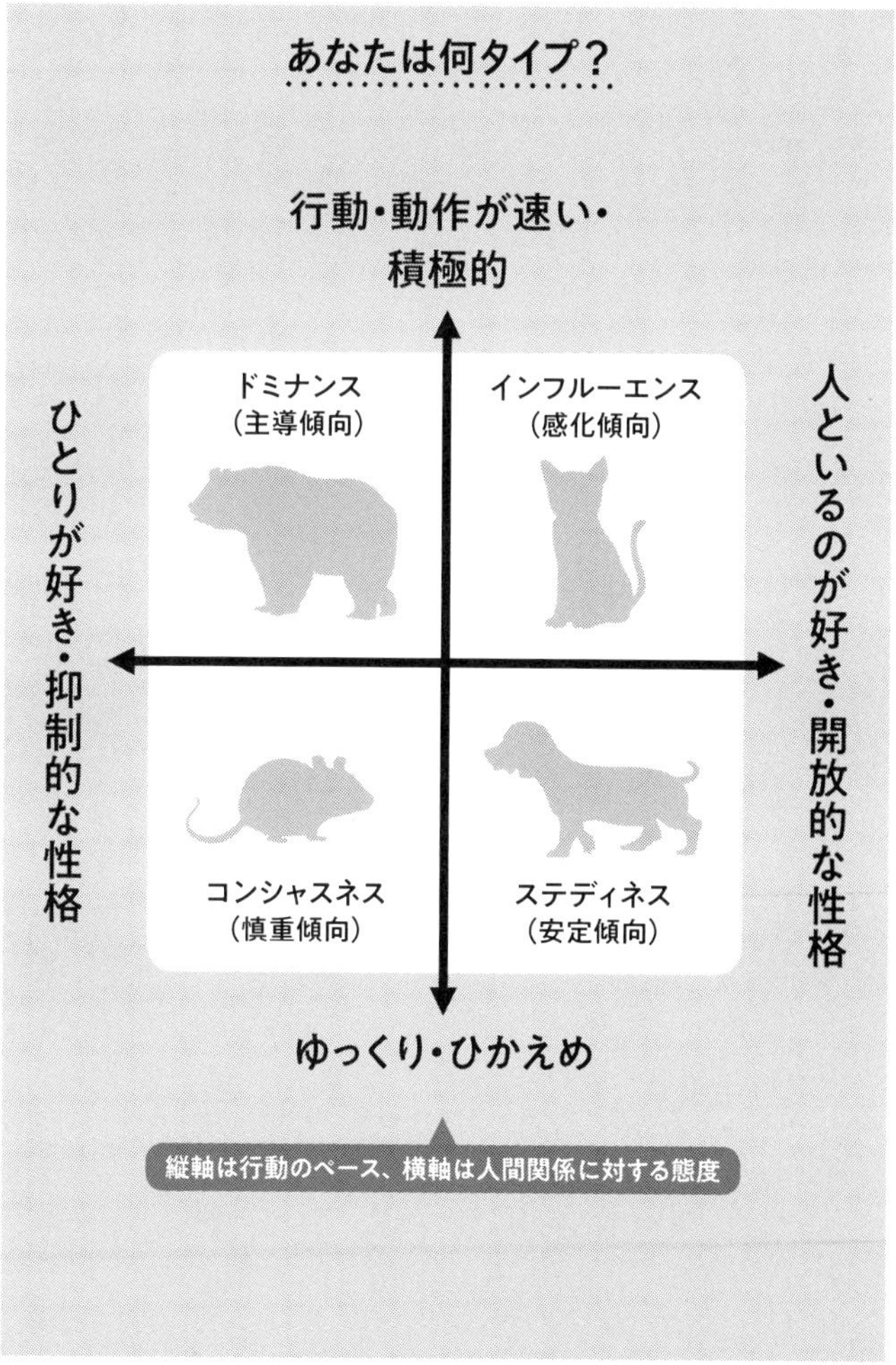
あなたは何タイプ？
行動・動作が速い・積極的
ゆっくり・ひかえめ
ひとりが好き・抑制的な性格
人といるのが好き・開放的な性格
ドミナンス（主導傾向）
インフルーエンス（感化傾向）
コンシャスネス（慎重傾向）
ステディネス（安定傾向）
縦軸は行動のベース、横軸は人間関係に対する態度ジしやすいように動物にたとえてみました。自分がどの動物にあてはまるのか、考えてみてください。

縦軸は、行動のペース。上にいくほどペースが速く、下にいくほどゆっくりです。横軸は人間関係に対する態度。右にいくほど開放的で人付き合いがよく、左にいくほど抑制的で、人を巻き込むよりもひとりで仕事をするのが好きなタイプです。左上の熊はドミナンス（主導傾向）。右上の猫はインフルーエンス（感化傾向）。下にいって、犬はステディネス（安定傾向）。ネズミはコンシャスネス（慎重傾向）です。

それぞれの特徴をもう少し詳しくいうと、**まず熊は、自分が優位に立って主導権を持ちたい。経営者や自営業者などにぴったり**のタイプです。自己の価値を高く評価している。仕事中心で、成果主義です。単刀直入が好きな人で、人に利用されるのを最も嫌います。それから、他人の考えや感情に対して疎《うと》い。自分が仕事ができるから、他の人ができないことを理解できないのです。

猫は楽観的。早急に成果を出したい点は熊と同じですが、熊との違いは、なんとか「なる」と考えるところ。熊は、自分の努力でなんとか「する」んです。猫はなんとか「なる」と思っているので、何もしない。社交的で、**人から褒められるのが好き**。褒められないと、しょげます。**芸術家や自由な働き方**ができる仕事が向いています。

犬は、ゆっくり、おっとりタイプで、チームプレーヤーです。慣例や前例にならうことを好み、失敗や、安定を失うことを恐れます。我慢強く、現状を維持して、周囲にあまり波風を立てたがらないタイプでもあります。実は、金融機関に勤めている人にこのタイプが多いようです。**サービス業など、人に接することが多い職業に向いています**。

最後に**ネズミは、正確さ、論理的な整合性にこだわり、データ好き**ですね。自分のやり方を批判されるのを恐れるタイプ。仕事の質の向上にこだわり、割と完璧主義です。自制心があり、コツコツと頑張ります。ＩＴ関係や研究所勤務の方などに多く、**細かい数字や分析する仕事だと、そのよさを発揮する**タイプです。

あなたは、どれにあてはまりましたか（２つあてはまることもあります）？　自分のタイプと、今の仕事は合っていますか？　例えば、本来はチームプレーが好きでおっとりした犬タイプなのに、ひとりでパソコンに向かってコツコツと根気のいる作業をしているとしたら、仕事をしている間は自分の本来の性格を矯正しながら頑張っているのかもしれません。

あらためて、自分のタイプを確認したうえで、60歳以降は本来の自分の個性を発揮できる仕事につくのはどうでしょう？　それを前提に起業するなり、転職するなりを考えると、これまでとは違う働き方ができそうです。

ちなみに私は猫タイプなので、団体行動が苦手です。だから、会社勤めはしんどいですね。新卒で入った会社を2年で辞めました。決断は早いですが、経営者タイプ（熊）ではないので、人をまとめるのは不得意です。ですから、ひとりで仕事しています。

「お金にならないこと」に意外なチャンスが

リタイア後の仕事を、ハローワークなどの求人から見つける方法もあります。でも、40～50代のうちに、本当に自分が好きなこと、得意なことはなんだろうと考える時間を持ったり、そのためにいろんなチャレンジをしてみたりすることもおすすめしたいです。

例えば**「大好きだけれど、あまりお金にならないこと」が見つかったらチャンス**かもしれませんよ。もうからない分、競争が少ない可能性がありますから。一つひとつの仕事が得られる収入は小さくても、積み重ねていくことで年収100万円に届くかもしれない。だんだん自信につながり、一生の仕事にもなるかもしれない。誰かに「ありがとう」と言ってもらえる仕事はなんだろうって考えるのもいいですよね。人に感謝されることって、達成感がありますから。仕事は、お金を稼ぐためだけのものではない、特に60歳からの人生では。私はそう思います。

専業主婦も、もうけよう！

今は専業主婦の人も、ぜひ自分に合った仕事を見つけて働くことを考えてみてください。妻も働くことで、夫がリタイア後の家計はみるみる改善されます。今の時代、夫の月収を1万円上げるのは、ものすごく大変です。専業主婦である妻が、月に数万円を稼げるようになることのほうが、より簡単なように思えます。長い間働いていないという人も、これまで書いてきた方法できっと自分の強みや適した仕事に出合えると思います。そんなメッセージも込めて、私は以前『専業主婦で儲ける！サラリーマン家計を破綻から救う世界一シンプルな方法』という本を書きました。

よく聞かれるのが、専業主婦の年収の壁、配偶者控除の存在です。ご存じのとおり、専業主婦世帯で、会社員の夫の所得税が優遇される税制が現在ありますよね。具体的には、妻の年収が１０３万円を超えると妻に所得税がかかってきます。１０６万円は勤務先によりますが、夫の社会保険の扶養から外れ妻自身が社会保険に加入する壁。年収が１３０万円以上になると、妻自身が年金や健康保険に加入し、社会保険料が差し引かれ、妻の収入の手取りが減ります。そのため、思い切り働けないという声をよく聞きます。

２０１８年からは配偶者控除の上限が１５０万円になりました。国は女性にもっと働いてほしいのですから、税金や社会保険の制度はどんどん変わっています。２０２０年現在の制度の概要をまとめたのが左ページの図ですが、配偶者控除の見直しに合わせて、配偶者手当のある企業も手当の見直しをし始めています。

専業主婦を優遇する制度は縮小へ

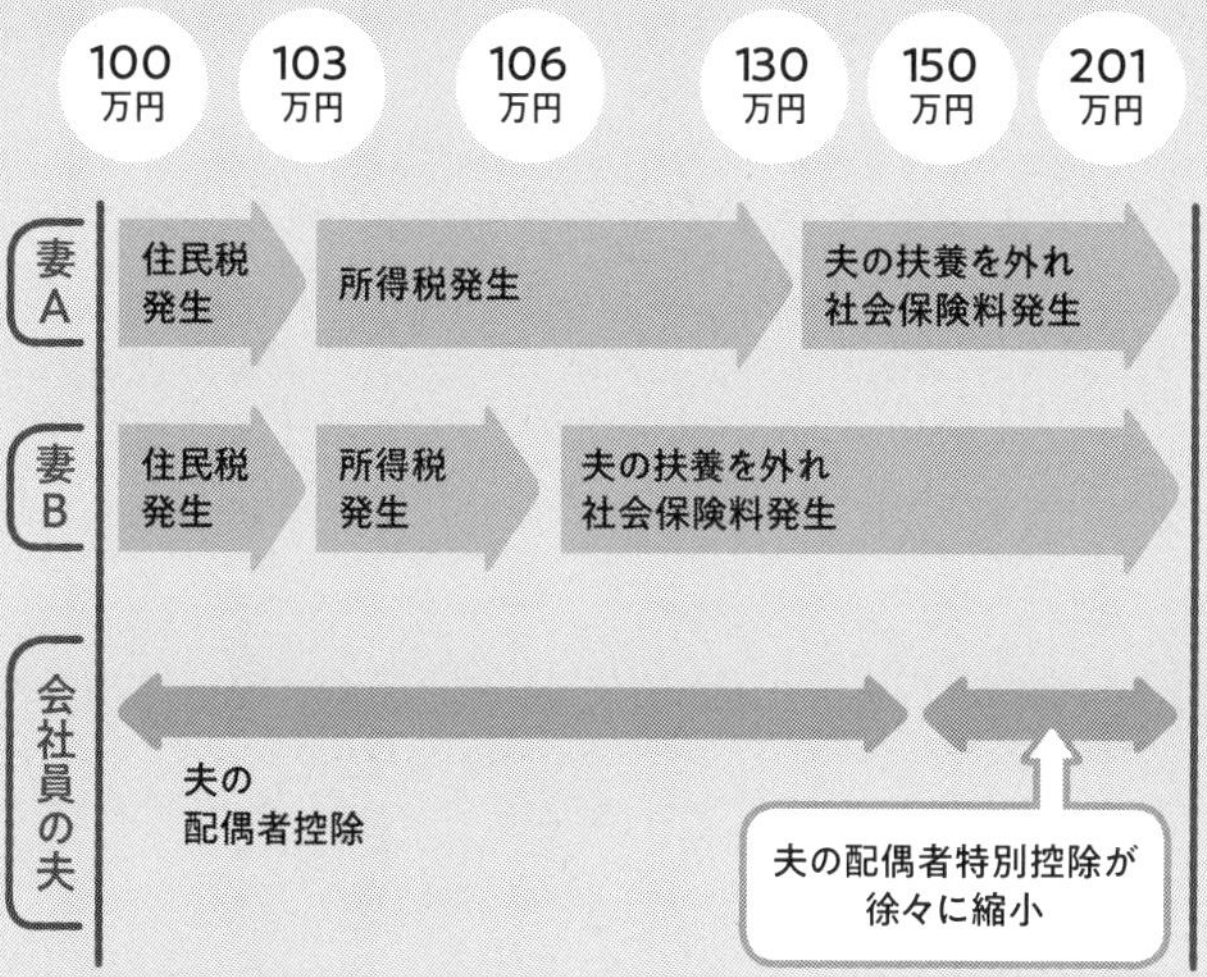

注：夫の年収1120万円以下の場合。 夫の年収が1220万円超の場合、妻の年収に関わらず、配偶者特別控除は受けられない。

＊妻Bは、従業員501人以上の規模企業で、労働時間が20時間以上の場合

60歳以降も働くための心がまえ

定年男子×定年女子
トークセッション②

人脈とはあなたの強みを知っている人のこと

司会　おふたりに話を聞くまで、定年がひとつのゴールで、そこから先は余生と思い込んでいるところがありました。しかし大江さんは、働き続ければ「老後」なんてなくなると言う。井戸さんは、自分の本質を知って、定年後は本来の自分に合う仕事を見つけようと提案している。定年の定義を見直すべきなのかもしれません。
そこで、まずは定年以前、つまりサラリーマン時代の一番よかったことと不愉快だ

ったことを教えていただけますか？

大江　不愉快だったことと、不愉快だったことなら話せますけど（笑）。よく言いますよね、上がどう言おうが、自分のやりたいことをやりなさいとか。『課長島耕作』じゃないんだから、現実にはそんなことできるわけないんです。基本的には**会社員は、自分のしたいようにはできないもの**です。だから、ある程度は我慢をする。組織とはそういうものなので、しようがないと思います。私の場合、一番よかったのは、サラリーマン人生の最後の10年間ですね。企業年金の仕事を担当しました。証券会社でしたから、株の営業が花形で、年金は完全に窓際族なんですが。

司会　窓際生活が、なぜ一番よかったんですか？

大江　仕事を通じて、外部の人脈がたくさんできたからです。人脈って、異業種交流会みたいなところに行って名刺を配りまくったりしても、つくれません。人脈とは、あなたが何ができるか、ちゃんとその能力を理解している人のこと。例えば会社員なら、会社の同僚や上司や部下は、あなたの能力をちゃんと分かっていますから、これは人脈です。そして会社を辞めた途端にその人脈はなくなるんです。だから、**会社員時代に会社以外のところで自分の能力を理解してくれている人に出会え**

る機会があったら、ものすごく貴重です。

嫌な仕事であっても無駄ではない

司会　井戸さんは、新卒で入った会社を2年で会社を辞めてしまった。

井戸　一応、聞いてもらえますか（笑）。一番よかったことは、私が入った営業本部の課長さんが、「仕事ってなんでもいいから楽しみながらやるもんだよ」とおっしゃったことですね。その言葉が、今も心に残っています。私の時代は女性社員の仕事はお茶くみや売上伝票の転記などでしたが、お茶だって淹《い》れ方ひとつで味が変わるし、喜ばれる。嫌だなと思ったことでも取り組んでみると、無駄にはならないんだと。わずか2年ですけど、思ったりしました。

司会　それから3年間の専業主婦生活を経て、フリーランスで社会保険労務士としてずっと働いてきた。何歳まで仕事を続けますか？

井戸　お声がかかる限り。まだ、いろんなことをしたいんです。私は社会保険労務士、ファイナンシャル・プランナー、ＤＣプランナーと資格をたくさん持ってますが、それは、資格を取って、その仕事をしてみたら合わなかったり、物足りなかったりしたからなんです。ところがそうやって複数の資格を取ることによって、**できる仕事の分野が広がった。行動することで、仕事がどんどん変わっていくんです。**

そうすると、会う人も変わるし、仕事がどんどん楽しくなっていきます。

会社員ではなくオフィスプレーヤーを目指せ

司会　仕事は、とらえ方ひとつで変わってくると。大江さんはどうですか？

大江　会社員は、きれいごとで勤まるものじゃないので、楽しく働ける方法を見つけようなんて無理なんですよ。**会社員である限りは苦役だと思ってほしいですね。我慢して働けばいいと。**

ただ、25年ぐらい前に出合った一冊の本がいまだに自分の人生に大きな影響を与えているんです。電通に勤めていたプロデューサーの藤岡和賀夫さんが書いた『オフィスプレーヤーへの道』＊という本です。**「ワーカーではなくプレーヤーを目指せ」**と書いてありました。ワーカーは働く人ですね。ではプレーヤーとは何か？

ゴルフやテニスのプレーヤーを考えると分かりやすいと思いますが、プレーヤーも仕事をしているんです。ただし、プレーつまり楽しみながら、それなりの仕事をしているわけです。どうせなら、ワーカーではなくプレーヤーとして仕事をしなさいと。例えば仕事の中にプレーの要素を見つけて、自分でチャレンジすることが楽しいんじゃないですかということが、書かれていました。

出世を目指すのもいいと、堂々と書かれてます。目からウロコでしたが、会社員で出世するとは社長になること。**社長でなければ、副社長で終わっても平社員で終わっても一緒。**社長になれるのなら、友達も家族も全てを犠牲にして仕事に賭けても値打ちはある。でも、それでも社長になれるかどうかは分からない。社長になるには運も必要ですから。だとすれば、**勝てるかどうか分からない賭けをするより、出世を完全にあきらめろ**というのがその人の考え方。そうはいっても、30代ではそんな心境になれないでしょう。会社員人生、まだ勝負が懸かっていますから。一方で**50歳を過ぎると、先が見えてきますから、この言葉に納得がいく**と思います。私も出世はしなかったけれど、最後の10年間、好き勝手にやらせてもらったことが、今の自分の財産になっています。

司会　好き勝手にやったと言いながらも、大江さんも会社員という立場のなかで、やりたくないこともやったわけですよね？

大江　もちろん、やりました。わけの分からない上司も、いましたし（笑）。だけどその結果、**気がついたら技術や専門性が身につくのも会社員のメリット**です。

司会　20年、30年と仕事をしてきたなかで、自分の強みになるものは必ず存在していると。これまでやってきたことを1回整理してみるとよいということですね？

大江　キャリアの棚卸しですね。

司会　でも正直、それが難しい。棚卸しのコツってありますか？

社外の人と付き合うことで自分の能力に気がつく

大江　会社員って多くの人が、**現役時代は自信過剰で、退職時は自信喪失**なんです（笑）。現役時代はみんな、俺はもっとできるのに人事は俺のことちっとも評価してくれないとか、俺の実力はこんなもんじゃないとか言うんです。ところが、それだけの能力を持っているんだったら、辞めてもやっていけるよねと言うと、退職すると途端に、いやいや僕は会社員でしたから何も能力ありません、なんて言いだす(笑)。

つまり自分の能力は、自分ではなかなか分からないもんなんです。だから、50歳を過ぎたら、いろんな人と付き合うのがいいよと私はいつも言っています。特に、社外に親しい人をつくる努力をしましょうよと。会社の常識は社外では非常識だったりしますから。大江さんってこんなことができるんですねとか、大江さんのそこはすごいなあとか言われて、自分の強みに気づいたりするんです。

司会　そういえば知り合いに、ずっと総務の仕事をしてきた人がいて、サラリーマンとしては出世とは無縁だったのですが、会社の引っ越しを効率的にやることに関しては抜群に腕がよかったんですね。そのスキルを生かして再就職されました。

大江　営業一筋の人も、経理一筋の人も、今おっしゃったように総務一筋の人も、いろんな人がいると思うんですけど、**そのノウハウを例えば月5万円とか10万円とかの月給で伝えてくれたらありがたいという若い会社や小さい会社、いっぱいある**と思いますよ。会社員として何かひとつの仕事を10年もやっていれば、その道のプロなんです。

意外な能力がチャンスにつながる

井戸　専業主婦の方も同じだと思います。よく「自分は何もできない」なんておっしゃる方がいるんですけれど、実はお料理が上手とか、掃除が早いとか、介護の経験があるとか。**その方が積み上げてきたスキルがあるんです**。仕事にもいろいろな分野がありますし、企業で働くだけでなく、自宅でできる仕事やテレワークも増えています。今は自分の能力を生かす、いろんな選択肢がありますよ。

司会　そういえば、私が個人的に頼んでいる家事代行会社で働いている人は、ほぼ全員が元専業主婦です。若い人も、おばあちゃん世代の人もいますが、専業主婦として子育てや家事をしてきた経験を生かしてお金を生み出せる喜びは、すごいらしいです。

大江　私は、この前、滋賀県の近江八幡で水郷めぐりを楽しんだのですが、舟をこいでいる**船頭さんのなかに、学校の校長先生をリタイアした人がいました**。普通、地方では校長先生といえばその土地の名士です。あまたある顧問や名誉職の誘いを全て断って、船頭さんになったそうです。**「わしゃ、天下りやのうて、川下りを選んだ」**という言葉にぐっときました。けっこうな運動量だから健康にいいし、多分、給料はいいだろうし、訪日外国人など旅行者がたくさん訪れる場所ですから知的好奇心も刺激される。天下りしてオフィスで孤独に座っているより、ずっと素晴らしいと思いました。**どういうものに価値があって、どういうものでお金をもらえるか、会社員時代は全く分からなかったりする**でしょう。だって会社員は、給料日が来たらちゃんと給料が入るんですもん。

司会　会社の枠の中だけでは想像がつかないようなことが、仕事になったりする。

大江　私自身も、独立してみたら、一生懸命やっても全くお金にならないとか、逆にこんなことでお金くれるの？　ということとかありました。やってみないと、分からないですね。

身だしなみも大事

司会 それにしてもおふたりとも、年齢より若く見えますね。やっぱり、秘訣は働いているということでしょうか？

井戸 よく動いているからだと思います。**毎日5キロくらい歩いています。**人と会うことが多いので、身だしなみに気をつけていることもあると思います。

大江 年をとってくると、だんだん見た目がみすぼらしくなります。髪の毛はほとんど真っ白になりつつあるし、肌もだんだん汚くなってくる、体形も若い頃の状態を維持できなくなってきます。**見た目が不細工になってくるので、あえて派手なものを着るとか、身ぎれいにする**とか、そういうことを心がけることも大事です。ピンクのシャツを着たり、少し派手な格好して、できるだけ見ばえがましになるよう心がけています。

第2章 まとめ

●働き続けることで3つの不安は解消できる

❶収入が得られる↓貧困解消
❷体を動かし気持ちが引き締まる↓健康維持・病気予防
❸仕事を通した人付き合い↓孤独解消

●60歳以降の働き方は3パターン

❶これまで勤めた会社で再雇用
❷経験と人脈を生かして転職
❸起業する（自営業になる）

働けば資産を持っているのと同じ効果

❶ 2人に1人は70歳まで働いている
❷ 月収20万円で70歳まで働けば60歳時点の人的資本は2156万円
❸ 年収100万円で、老後の赤字はほぼ解消
❹ 専業主婦が働けば家計改善に大きな効果

60歳以降も働くための心がまえ

❶ まずは過去の自分の仕事の棚卸し
❷ 50歳になったら、勤務先以外の人との付き合いを増やす
❸ 仕事が自分の本質に合っているかを考える
❹ ニッチな仕事に可能性
❺ お金のためだけではない何かのために

第3章
病気と介護にかかるお金ホントのところ

「定年男子」大江英樹

日本の健康保険は最強。私、医療保険〝不要派〟です

医療保険は「低温やけど」のようなもの

誰もが抱える老後の不安に「健康」と「お金」というふたつがあります。病気になったらいくらかかるのか？　将来、要介護状態になっても困らないためにはいくら準備しておくべきなのか？　親が自分たちの介護のためにきちんとお金の準備をしているのかが気になる……。ライフプランセミナーでは、そんな質問をよく受けます。

第1章では、老後の生活費として自分がいくら必要かを知るために、リタイア後に入ってくるお金と出ていくお金を整理しましょうとご説明しました。

例えば平均的収入の会社員の夫と専業主婦の妻の組み合わせで、老後の生活費が月25万円・年間３００万円だとしたら、公的年金に加えて、企業年金と退職金１０００万円で、家計はだいたいまかなえます（42ページ参照）。ただし、このなかには自宅のリフォームなどの一時費用やリタイア後に大きな病気や介護で必要になるお金は含まれていません。それらのお金も考えると井戸さんが46ページで書いていたとおり、「公的年金だけでは暮らせない」のも現実です。

第2章では、そうした足りないお金の不安を解消する最強の方法として、70歳まで働き続けることを提案しました。例えば月収20万円、年収２４０万円の仕事を70歳まで続けるとしたら、60歳時点でのあなたの価値は２１５６万円になります（83ページ参照）。70歳まで働くと決めただけで、60歳時点で２０００万円以上の金融資産を持っているのと同じ価値があるのです。ひと頃話題になった２０００万円問題なんて、何も心配はなくなります。そうした前提のうえで、この第3章では**45歳から知っておきたい病気と介護にかかるお金の実際**を考えていきましょう。

高齢になると病気にかかるリスクが高くなる一方で、入院や手術歴があると保険には入りにくくなります。そのため、**60代以降に医療保険に入ろうとすると、若い**

ときに比べると高額な保険料がかかります。これは考えてみれば当たり前のことです。年をとれば、病気のリスクは高まりますから、病気になって保険金を受け取る確率も高くなる。その結果、保険料も高くなるのです。

例えばあるネット生命のホームページで、60歳で医療保険に加入した場合に支払う保険料を試算してみました。月額4512円の保険料で、入院した場合に1日5000円の給付金が出る医療保険です。

仮に60歳から10年間保険料を払い続けたらどうなるでしょうか。合計の支払い金額は54万1440円になります。一方、その間に仮に病気で1週間入院したとしたら、もらえる給付金は3万5000円です。

そんな保険に入るよりも、同じ額を貯蓄しておき、病気になった場合にはそこから差額ベッド料とかを払えばいいというのが私の考えです。「安心のために」と深く考えずに保険に加入し、保険料を払い続けると、「低温やけど」のようにリタイア後の家計にダメージを与える可能性があります。

そもそも保険は「めったに起きないこと」「でも、それが起こったら自分の蓄えではまかなえないこと」、そして「いつ起こるか分からないこと」に備えるためのもの。例えば火災や地震による被害など、あるいは交通事故などがそれに当たります。しかし、老後の病気は「万が一」というより、かなり高い確率で起こることです。保険の支払いが発生する確率も高くなるため、その分保険料も高くなり、お得とは言い難くなります。

私たち日本人は全員が公的医療保険制度という「最強の保険」に入っているため、医療費そのものは病気になってもわずかな負担で済みます。1カ月に支払う医療費が一定額を超えた場合は、その分が健康保険から払い戻されます。限度額は年齢や所得によって異なりますが、70歳以上なら年収156万～370万円、すなわち年金だけの収入の人であれば、一ヶ月に負担する上限額は5万7600円です。**リタイア後に医療保険は絶対に不要とはいいませんが、私自身は加入していません。**制度をきちんと知ったうえで、要不要の判断ができれば、お金の無駄を防げるのです。

健康とお金には、たくさんの共通点がある

誰にとっても、年をとっていくのは初体験です。先の姿は想像できません。誰もが長生きしたいと思うのは、今の状態でずっと長生きすることをイメージしているからなんです。

でも実際はそんなわけはなく、年をとるとともにどんどん嫌なことが襲ってきます。例えば私もそうですが、まず目が見えなくなってくる。最近は、しゃべっていても言葉が出てこないときがある。えーと、あれ何だったっけーと。50年前のことはよく覚えているのに、昨日何を食べたかを忘れる。体力も衰えるし、肌の艶もなくなってくる。だんだんしぼんでくるわけです。具合の悪いところも出てくるのは、当然です。

知り合いに、お医者さんで作家の久坂部羊さんという方がいます。『破裂』や『無痛』といった彼の小説がドラマ化されましたから、ご存じの方もいらっしゃると思いますが、久坂部さんはそういった衰えから逃げよう、防ごうとし続けると、きり

のない地獄に陥ると言っています。私も、これには非常に共感します。

寝たきりで長生きするのは嫌だ、できるだけ元気に生きてコロッといきたいとよくいいますね、よくいわれるＰＰＫ、ピンピンコロリ、これをみんな望むわけです。だから、例えばウオーキングをしたり、ストレッチをしたり、健康を維持するためにいろいろと取り組みます。ところが、このＰＰＫには大きなパラドックス（矛盾）があるのです。通常、突然亡くなるといえば、脳梗塞とか心筋梗塞などといった血管系の病気が多いものです。そして、こういう病気になるのはだいたい若い頃から不摂生をしてきた人が多いんです。コレステロール値が高い、動脈硬化、血糖値が高い……。ということは日ごろから健康に気をつけて、体を整えている人ほどＰＰＫになりにくいという実に皮肉なことになってしまうわけです。

もちろん、だからといってずっと不摂生していればいいかというと、これはこれでまた別のリスクもあります。70代以降でポックリいくならまだしも、40代や50代で突然亡くなってしまうこともあるからです。したがって私が考えるのは、若いうちこそきちんと食生活や運動などの規則正しい生活をおくることが大切で、60代以降は、必ずしも無理して嫌いなものを食べたり、強迫観念に駆られて運動したりする必要はないんじゃないかということです。

私は健康の専門家ではありませんけれど、こういうことを考えていると、お金と健康にはたくさんの共通点があると感じます。

まず、お金も健康も、人間にとって大事なものです。だから、手に入れるために多くの人が努力します。そして、どちらの分野も専門家がいて、さまざまな発言をしているけれど、結構いいかげんなものも多いようです。それから、本来は手段ですよね、お金も健康も。幸せな人生をおくるための手段なのに、往々にして目的と化す。そして、健康もお金も、死んだら役に立ちません。

手っ取り早くいい目に合うのは難しい

健康についていえば、体質は人それぞれに違いますし、遺伝があります。どんなに節制してもコレステロール値が高いとか、血糖値が高い人もいます。一方、毎晩飲み歩いているのに元気な人もいるわけです。それは、体質や遺伝です。

お金はどうかというと、どれくらいお金を持っているかによって使い方、管理の仕方は違ってきます。性格も大きく影響します。リスク耐性と私は言っていますが、性格によりリスクを積極的に取れる人と、あまり取りたくない人がいます。

大事なことは、自分に合った方法で資産運用を考えること。健康も、自分の体質に合った方法で健康管理をすることだから同じです。それから、自然に続けられることだけをする。無理をすると、ろくなことがありません。自分の感覚を大切にすることも大事でしょう。調子が悪いなと思っていたら、やはりどこか悪かったとか、忙しくしているけれど体調がいいときは平気だとか。我々は動物ですから、いまだに本能的な勘が働くのです。

資産運用も、マーケットの先行きがおかしいなというのは、私のように長く相場を見てきた人間からするとなんとなく感じるところがあります。

ところが、手っ取り早く健康になりたい、手っ取り早くもうけたいと、みなさん思うようです。だから、それに関するいろいろな本がいっぱい売れます。しかし、そのとおりに実行したらみんな健康になれるのか、みんなお金持ちになれるのか。

そんなことはありません。ひとりずつ違うと知り、お金についても健康についても、自分なりの哲学を持つことが大切だと思います。

階段を使う、好きなものを腹七分目、日々の入浴

私が定年退職前後から実行している健康法は、3つです。

ひとつは駅で階段を利用すること。5年ほど前から心がけていたら、健康診断のいろいろな数値がずいぶん改善しました。通勤のときに階段を利用するだけですから、お金がなくても時間がなくても、誰にでもできる健康法です。

次が、好きなものを腹七分目に食べること。腹八分目といいますが、定年以降の人はもうちょっと少なめのほうがいいようです。あとはお風呂に入ること。ストレス解消になります。ちなみに、お酒はほとんど飲みません。そもそも飲めないし、私の体質に合っていないからです。

私は年をとることに関して、悲観も楽観もないと思っています。「輝ける黄金の老

後」もないけれど、「先行きが暗い」こともない。時間の経過とともに、外見も中身もだんだん劣化する部分は出てきますが、それは受け入れるしかしようがない。アンチエイジングもやり過ぎると不気味ですから、ほどほどに。悲観も楽観もせずに、ありのままでいく。最後にこれが一番大事なことですが、無理をしないことです。食べ物にしても運動にしても、無理をすると長続きしないし、かえって悪くなる。これも、お金と同じだと実感しています。

では、専門家の井戸さんにバトンタッチしましょう。

医療＋介護でひとり800万円をみておこう

プロでも意見が分かれる必要額

老後に必要な費用のなかで、実は一律いくらと最もいいにくいのが医療と介護の費用です。なぜなら、医療や介護の質・サービスをどの程度まで求めるのかによって、大きく違ってくるからです。

介護に詳しいファイナンシャルプランナーでも、「介護に必要な額」はかなり幅があります。**ひとり300万〜400万円がめど**という人もいます。私はざっくりと考えて**医療と介護を合わせてひとり800万円くらい**あれば、まあまあのサービスを受けながら息をひきとれるのではないかと考えています。

実際に介護をした人を対象に調査したデータもあります。生命保険文化センターが2018年度に行った調査では、ひとりあたりの介護費用はざっと500万円です。介護期間は平均4年7カ月、費用は月額約8万円、住宅の改修など一時的な費用に平均69万円となっています。

一方、大手生命保険社の調査では、月額の費用は平均で約11万円。注目したいのは、月5万円未満が約32％と最多でしたが、月15万円以上も約31％にのぼっていることです。初期費用は平均で約85万円でしたから、5年間の介護に約1000万円かかった家庭も少なくないということです。

もちろん、一生要介護にならず、大きな病気もしない可能性だってあります。でも大切なのは不安を不安のままにせず、その正体を明らかにすることでしたね。介護にかかるお金のことから、一つひとつひもといていきましょう。

女の一生には介護が3度ある

介護はずばり女性の問題だというのが私の持論です。なぜなら、女性は人生で3度介護を経験する可能性があるからです。まず、第1の介護が親です。80代前半で約3割、80代後半以降は6割超の人が介護や支援が必要となるというデータがあります（厚生労働省と総務庁の各平成27年の調査から生命保険文化センターが作成）。結婚して、親が合計で4人いれば、一度は介護に巡り合う可能性があると考えていいでしょう。ちなみに私は、お姑さんと母のふたりの介護をしました。

女性が人生で2度目に経験する介護が夫です。ただし、男性が要介護状態になる確率は女性よりも低いです。介護が必要になる前に亡くなる方が多いからです。

そして最後、3度目が自分自身の介護です。しかし、そのときに「私」を介護してくれる人はいません。夫は先に亡くなっている可能性が高いですし、子供がいたとしても、頼りたくないと考える人が多いでしょう。頼りになるのはお金です。女性は、自分の老後の病気や介護に必要なお金をしっかり試算しておくことが欠かせないのです。

親の介護は兄弟姉妹で分担を段取りしておく

親の体調の変化に気づいていないと、介護は、ある日いきなり始まってしまいま

介護にはいくらかかる?

Q 介護期間は?

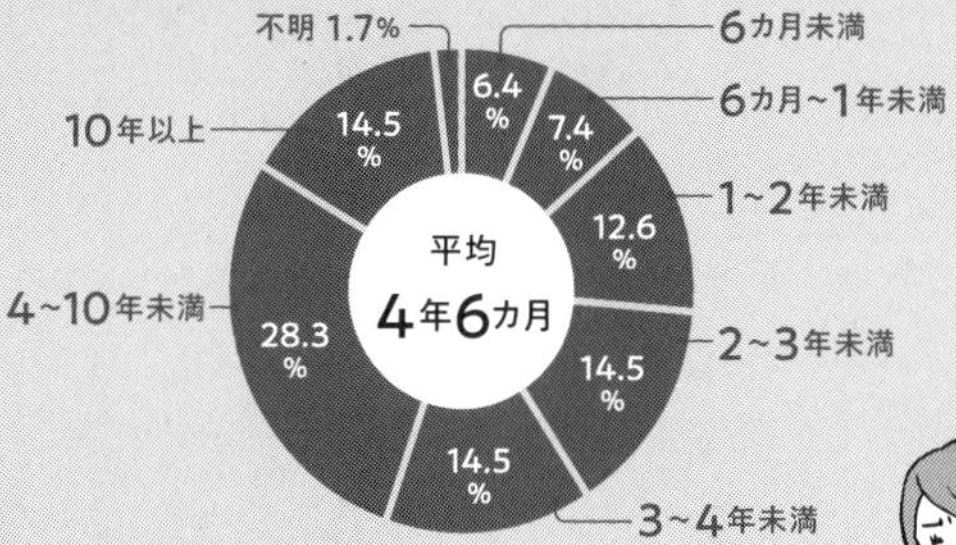

Q 介護費用は?

毎月かかる費用

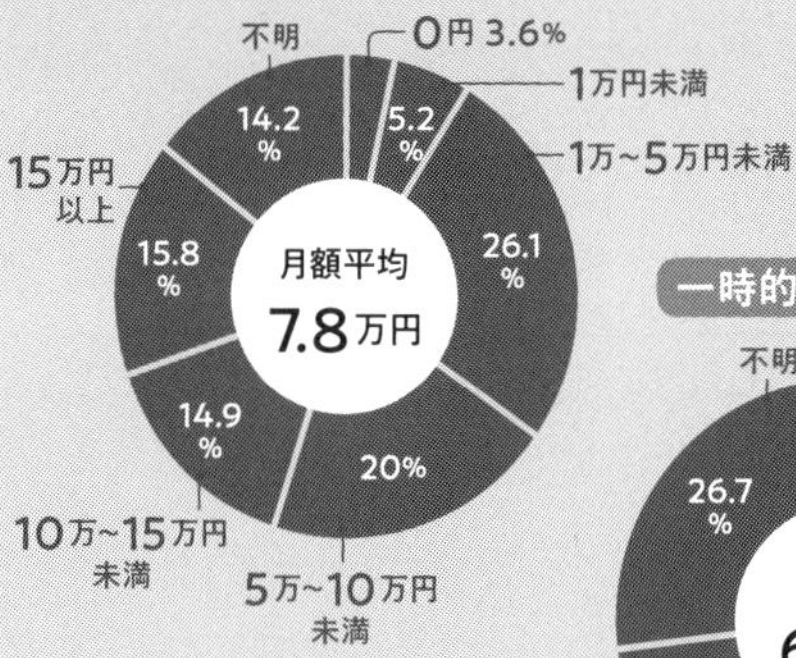

一時的にかかる費用

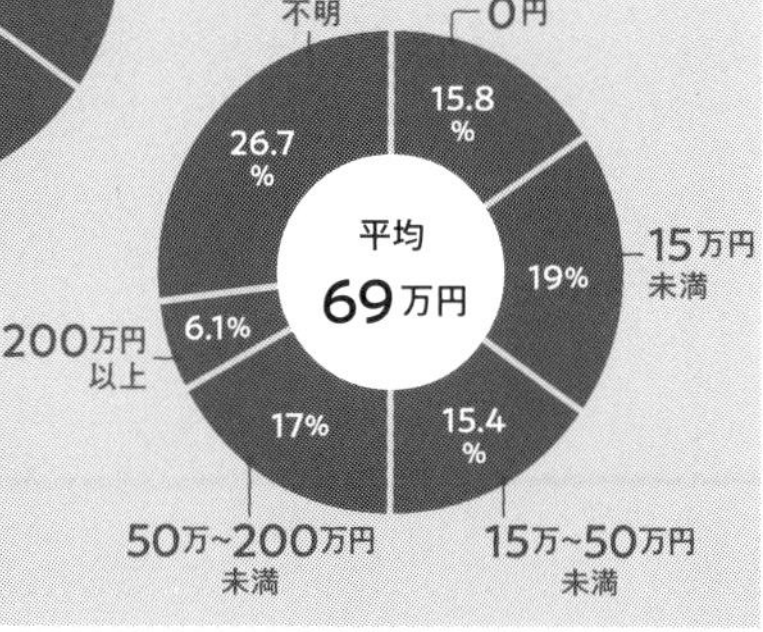

出所:生命保険文化センター
「生命保険に関する全国実態調査
(平成30年度)」

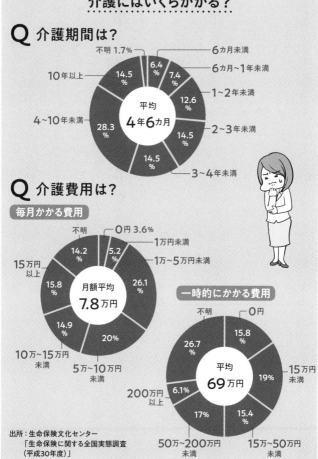

す。突然倒れて入院。自立した生活をおくることが難しくなり、そのまま要介護生活に。最近は病院に入院できる期間が短くなり、まだ十分に回復していない段階で退院を求められることもあります。

兄弟姉妹がいるなら、親の介護についてはなるべく事前に、介護体制をどう組みどう分担するか、取り決めをしておきたいものです。**介護費用は、親に年金収入や貯蓄が全くないという特別な場合を除き、親自身のお金でまかないましょう。**これについても、親と兄弟姉妹間で合意しておきたいです。寿命が伸びた今、いつ終わるか分からない**親の介護費用を出してしまったら、最後にくる自分自身の介護にかけるお金を削ることに**なってしまいます。

そのために親にどれくらい資産があるのかを確認したり、実家があるなら、誰かが引き継いで住むのか、売るのか、家財はどうするかをおおまかでいいので話し合ったりしておく必要があります。切りだしにくい話題ですが、あいまいなままにしておくと、親の介護をきっかけに兄弟姉妹の関係が変わってしまいかねません。都合のいいときだけ行って親からお小遣いをもらっているなんて陰口を叩かれたり、不信感や不満が募ったりする原因になります。親の介護は、家族間の問題にも発展します。

介護のために仕事をやめてはいけない

75歳以上の親がいる人の4人にひとりは介護をしているといわれる時代。介護離職が大きな問題になっています。現在、**1年間に介護離職する人が10万人います。その多くが女性です。**例えば親が地方に住んでいて、面倒を見る人がいない。自分自身も、もう40代後半から50代で定年まであと少し、仕事をやめて介護に専念してもいいか……。そんなふうに考えてしまいがちです。でも、仕事は絶対にやめたらだめです。自分の老後に響きますし、そもそも親のために離職することを、親御さんが果たして望んでいるか考えてみてください。ファイナンシャル・プランナーの仕事で、親の介護をされている方の相談にのることがありますが、介護のために24時間一緒にいると、親子関係があまりよくないほうに変わってしまうことも多いようです。**親の介護は、なるべく親の資産の範囲内で、できるだけ親の希望をかなえることと、自分は働き続けながら気長に介護できる態勢を**つくりましょう。

夫の介護は老老介護になる可能性も

次にくるのが夫の介護。前述したとおり、男性が要介護状態になる確率は女性よりも低いです。介護が必要になる前に亡くなる方が多いからです。低いけれど、もし夫が介護状態になったとき、お金はどうしますか？　夫婦で築いたお金がありますが、**夫の介護のために使い過ぎてしまうと、自分が要介護になったときにお金が足りなくなります。冷静にどこまで使っていいかを計算しておく必要があります。**介護にかかるお金をきちんと知っているか知らないかで、差が出ます。

夫に介護が必要になるということは、自分も年をとっているわけです。老老介護の可能性が高いのです。体も当然、しんどくなります。資金繰りと同時に、介護をひとりで抱え込まず、人手を借りることを考えましょう。介護が必要となったときの最初の窓口は各市町村にある、地域包括支援センターです。介護の専門知識を持った職員に無料で相談ができ、必要な情報を得ることができます。

そして第3の介護、自分自身です。家族の介護を一生懸命してきた女性が最後にひとりになったとき、誰も見てくれる人がいない。子供がいても、子供にも自分の人生があるし家族がある。こちらも迷惑はかけたくない。どうしたらいいでしょうか。まずは、介護にかかるお金について知っておきたいポイントを紹介しますね。

介護の自己負担、上限は月４万４４００円

そもそも介護にかかる費用は全額を自分で支払うわけではありません。65歳以上で、介護や支援の必要があると市区町村から認定されれば、**自分で負担するのは介護にかかった費用のうち１割から３割です**（収入により異なります。１２９ページの表参照）。

さらに１～３割の**自己負担が一定額以上を超えると、払い戻してもらえる制度**があります。高額介護サービス費といいます。収入により異なりますが、住民税課税世帯は月４万４４００円。いくら介護保険を使っても、これ以上に負担する必要はありません。いったん支払ってから申請すると差額が戻ってくる仕組みです。上限があると安心ですね。

年金収入だけで年収３４４万円以上ある単身者などは、介護費用の自己負担は３割ですが、一ヶ月の負担上限額はやはり４万４４００円です。

ただし、ここからはみ出す部分もあります。前述したとおり、調査では介護費用は平均で月額約８万円でしたね。**介護保険の自己負担分が月４万４４００円として、それ以外にも約３万５０００円くらいかかっている**ことになります。例えば、在宅介護であれば、食費や水道光熱費など通常の生活費は介護費用には含まれません。民間の有料老人ホームに入っていれば、このほかに家賃や管理費などがかかってきます。

実は**介護にかかる金額を大きく左右するのが、最後を過ごす場所**です。ついのすみかをどうするか、有料老人ホームなどの施設で最期を迎えるのか。元気なときから入居できて最期までみとってもらえる高齢者施設のなかには、入居一時金が数千万円、月々の費用が数十万円かかるところもあります。上を見たら、きりがありません。

介護の自己負担は、費用の1～3割

本人の合計所得金額が220万円以上	年金収入＋その他の合計所得金額の合計額が単身世帯で340万円以上、または2人以上世帯で463万円以上	3割負担
	年金収入＋その他の合計所得金額の合計額が単身世帯で280万円以上340万円未満、または2人以上世帯で346万円以上463万円未満	2割負担
	年金収入＋その他の合計所得金額の合計額が単身世帯で280万円未満、または2人以上世帯で346万円未満	1割負担
本人の合計所得金額が160万円以上220万円未満	年金収入＋その他の合計所得金額の合計額が単身世帯で280万円以上、または2人以上世帯で346万円以上	2割負担
	年金収入＋その他の合計所得金額の合計額が単身世帯で280万円未満、または2人以上世帯で346万円未満	1割負担
本人の合計所得金額が160万円未満	―	1割負担

※ 65歳以上の場合。第2号被保険者（40歳以上65歳未満）、市区町村民税非課税、生活保護受給者は上記にかかわらず1割負担

●介護費用の自己負担には上限がある

介護サービス費用の自己負担分が一定額を超えると、超過分が戻ってくる。原則65歳以上

	1カ月の負担上限額
住民税非課税の人	2万4600円（世帯）
住民税課税の人	4万4400円（世帯）
現役並み所得がある人*	4万4400円（世帯）

*ひとり暮らしで年収383万円以上、2人世帯で年収520万円以上が目安

定年退職したときに、退職金で豪華客船の旅とか、車の買い換えとか、いろいろな夢を持つこともいいのですが、それよりも先に**自分が人生の最後に住むところ、ついのすみかをどうするか考えておいてほしい**と思います。そうでないと、いついくら使っていくら残しておけばいいか決められません。介護施設の費用は地域によりかなり違いますが、おおまかにまとめたのが左ページの表です。

終末期まで過ごせる介護施設は大きく、公的なものと民間のものに分けられます。特別養護老人ホームなど公的な介護施設は、入居時に支払う一時金が不要で、月額利用料は8万～15万円程度。自分の年金に数万円プラスするくらいで済むことが多いようです。その分、入居希望者は多く、要介護度3以上であることなど入居に条件があったり、希望者が多くなかなか入れなかったりします。民間の有料老人ホームになるとやはり、お金がかかります。入居から終末期まで、介護保険を使っても自己負担分は総額で1500万円から多めに見て2000万円になります。

例えば有料老人ホームの一時金として1000万円を払い、食事代や介護サービスを含めた月額利用料が月15万円くらいとだとしましょう。第1章で、夫が亡くな

終末期まで過ごせる介護施設

代表的な公的な施設

	一時金	月額利用料	特徴
特別養護老人ホーム	0円	8万~13万円	低料金で終末期まで生活できる。 入所待ち1年以上ということも。
介護療養型医療施設	0円	8万~13万円	重度な介護対応ができる施設は限られる。

＊公的な施設には他に「ケアハウス」「介護医療院」がある

代表的な民間の施設

	一時金	月額利用料	特徴
介護型有料老人ホーム	0~数千万円	13万~50万円程度	要介護になっても終末期まで対応。 施設の設備やサービスによって利用料に幅がある。 一時金を全額前払い、一部前払い、月払いなどがある。

＊民間の施設には他に「住宅型有料老人ホーム」、「サービス付き高齢者向け住宅」、「グループホーム」などがある
＊金額は目安。 介護認定程度、地域、施設などによって差がある

った後の妻の年金は、遺族年金をもらったとしても月額14万円程度（夫が会社員、妻が専業主婦のモデル世帯の場合）と説明しました。年金で足りない分は金融資産から取り崩すことにすると、自分の命の長さとお金が尽きるのと、どっちが先なのか不安で仕方がないですね。

一方、自宅で最後まで過ごすのなら、医療と介護で800万円くらいあれば割と余裕があると思います。ちなみに、私自身は自宅で人生を終えたいと思っています。介護施設は、部屋はひとつずつ独立していても、食事やお風呂の時間は集団のルールに合わせなければならないことがほとんど。小さい頃から集団生活が苦手で、小学校に行くのもつらかった私（笑）が、年をとって体が動かなくなってから、またそうした集団生活に入るのは気が重いからです。

70歳未満＆70歳以上の医療費が変わる

介護費用と同様に、予算が立てづらいのが医療費です。とはいえ、公的医療保険により、保険の対象となる治療であれば**自己負担には上限が設けられています**。小学生から70歳までは医療費の自己負担は３割。その３割が一定額を超えた場合には、高額療養費制度により、超えた分を払い戻してもらえます。限度額は収入により５段階に分かれていて、**一般的な収入の人なら、１カ月に１００万円の医療費がかかっても、自分で負担するのは９万円弱**で済みます。

70歳以上になると、さらに自己負担の限度額は低くなります。一般的な所得なら、外来は月１万８０００円、外来と入院を合わせて月５万７６００円を超えると、その分を高額療養費として払い戻してもらえます。

高齢になると、病気を治療しながら介護サービスも受けるケースが増えてきます。家計の負担が大きくなり過ぎないように、医療費と介護費用を合算して一定額を超えると戻ってくる「高額医療・高額介護合算療養費制度」も10年ほど前から始まりました。こちらは合算のルールが複雑なので、そのときになったら、窓口である市区町村に問い合わせてみましょう。

このように医療費も介護費用も、公的保険がきく部分については上限があります。頼りになる「高額療養費制度」ですが、毎月これを請求する人は、実際には少ないようです。前述のとおり、一般的な収入の人なら、手術をして1カ月に100万円医療費がかかっても自己負担は約9万円で済みますが、逆にいえば公的保険の範囲内で1カ月に100万円の医療費を使うのは手術ぐらいです。高額療養費には該当しない、**毎月8万円弱くらいの医療費をずっと払い続ける、そういうケースのほうが実は多い**のです。

老後の医療はお金しだい？

最近はがん治療などの新薬の開発も進んでいて、医療費に大きな変化が起きています。2016年4月に医療保険が改正されました。先進医療はご存じですよね。健康保険の対象にはまだ入っていない治療です。入っていない理由は、データが少ない、あるいは費用が高額なことです。混合診療の禁止という原則があり、健康保険がきかない治療を一部でも行うと、一連の医療行為の全てについて健康保険がきかなくなります。ただし特例として、先進医療の場合は、技術料は全額自己負担と

高齢者医療の自己負担は増傾向

●医療費の患者負担割合

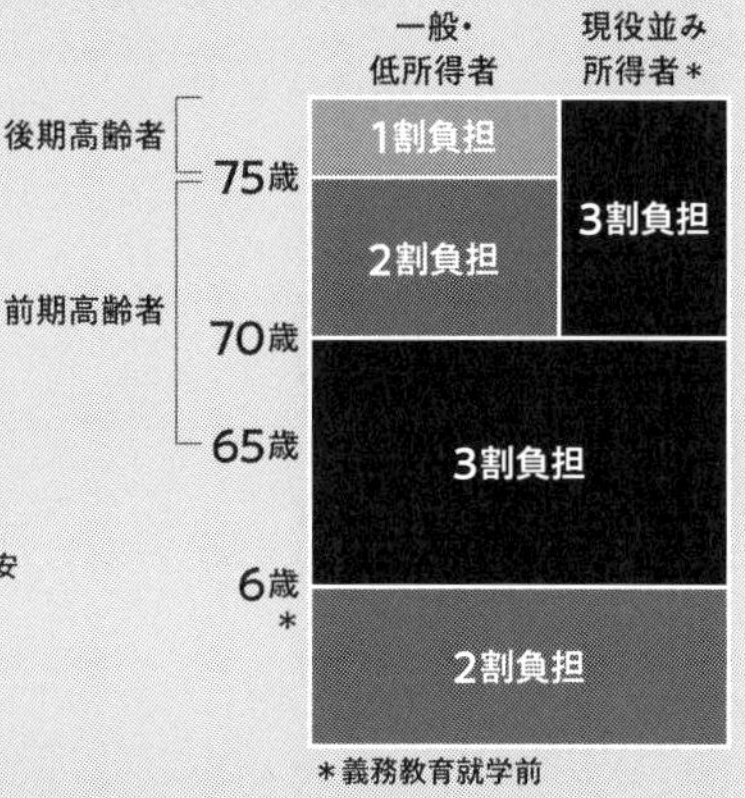

＊ 1人暮らしで年収383万円以上、
2人世帯で年収520万円以上が目安

参考：厚生労働省のホームページ

●医療費が一定額を超えると超過分が還付される

70歳以上の高額療養費制度（月単位）

区分	1カ月の上限	
	外来（個人ごと）	外来＋入院（世帯ごと）
一般（年収156万～約370万円）	1万8000円（年14万4000円）	5万7600円
II住民税非課税世帯（下記I以外）	8000円	2万4600円
I住民税非課税世帯（年金収入80万円以下など）		1万5000円

※親の年収がさらに多い「現役並み所得者」の上限額はさらに多くなる。

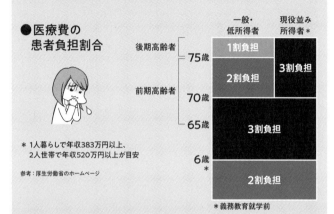

なりますが、診察や検査など一般的なものは健康保険がききます。

改正により、このバージョンが広がり、「患者申出療養」の仕組みができました。先進医療は医師が中心になって決めます。一方、「患者申出療養」は、患者が申し出て療養するわけですから、患者がお医者さんと相談しながら取り組んでいきます。新しい薬、治療法など、まだデータが集まっていない、非常に高額で、健康保険では認められていない治療を受けられる可能性があります。つまり、人によって健康に対するお金のかけ方が違ってくる、お金を持っているかどうかで治療法が違ってくる。そういう選択をしてまで長生きしたいか、医療にいくらかけるのか、これから年をとると直面することになります。こういう治療にも備えておきたいなら、老後の費用に医療費の分を上乗せして用意しておかねばなりません。

保険診療に限っても、医療費や介護サービス費の自己負担限度額は収入により異なり、現役なみの所得がある人は高いことが表からもお分かりになったと思います。

定年後も収入が多い人はそれなりに自己負担が高くなることは覚悟しておきましょ

う。年金収入からは、税金や社会保険料を引かれます。２０００年に介護保険ができたとき、65歳以上（第1号被保険者）の保険料は全国平均で月約２９００円でした。今は約５９００円に上がっています。地域の格差も最大６８００円となっています。今後さらに、保険料の負担が上がる可能性もあります。

介護保険制度は定期的に見直しされ、２０２１年度の改正案ではいろいろなニーズに対応した地域包括ケアを進めること、認知症との共生、予防、介護人材の確保などが検討されています。高所得者の介護保険サービスの自己負担率の引き上げの可能性もあります。

医療費と介護費とを連携させながらマネープランを考える必要があります。

定年男子×定年女子

トークセッション③

親の介護から学んだ、お金周りの「断捨離」

親の金融口座の整理に四苦八苦

司会　おふたりはすでに、親の介護を経験されているそうですね。そこから、ご自身の老後の病気や介護に関しても準備を始められているとか？

井戸　仕事柄、**金融機関の口座がとても多かったのですが、かなり解約して整理しました。**数年前がんの疑いがあると診断されたことをきっかけに、母が有料老人ホームに入居したとき、金融機関の口座は原則、本人でなければ解約できず、代理人が手続きする場合は揃えなければならない書類が多くて大変だったからです。利用する金融機関を絞り、ファイルに分かりやすく整理して、**私に何かあったらこのファイルを開きなさい、全部分かるからと息子に言っています**。父はがんで手術をして2～3カ月で亡くなりました。仕事をしていたので、携帯電話から何から解約するために戸籍謄本などが必要になり、これも大変でした。常に身支度を整えておくのは、父のときも母のときも大変なことを経験したから。息子にさせるのは嫌だし、別に秘密はないけれど、見られたくないものも片づけておいたほうがいいと思います。結局、検査の結果、なんでもなかったのですが、もう私はいつ死んでも恥ずかしくないよう準備しているんです。悟りをひらいています。でも、こういう人ほど、きっと90歳くらいまで生きるんですよね、きっと(笑)。

大江 大事なことですよね。親の資産を把握しておきたいと思って、子供の側が聞くと、「お前は俺の財産を狙っているのか」みたいなことを言われてしまいかねませんから、なかなか難しいという話をよく聞きます。私は、例えば**介護を切り口にしたら聞きやすいんじゃないか**という気がするんです。例えば、介護と医療で800万円かかるという話を本で読んだよ、なんて親に言って、「それくらいは持っているよね」なんて。半分冗談にして言えば話がしやすいかなといった具合です(笑)。介護のいろいろな手続きや、面倒を見ることは自分たちがやるけれど、経済的なことは自分で用意しておいてよ、とはっきり言ったほうがいいですね。

介護保険を賢く使いこなす

司会　これから親の介護が心配という方が、知っておいたほうがいいことはありますか？

井戸　親の様子がいつもとちょっと違うなと感じたら、早めに各自治体にある介護の相談窓口「地域包括支援センター」に相談してみることです。介護保険の要介護認定を申請し、認定されれば、ケアマネジャーさんが家に来て適切なケアプランを作ってくれます。

母は、有料老人ホームに入居していましたが、失敗したことがふたつありました。ひとつは、要介護認定の申請が遅かったために、幻覚が進んでしまったこと。もっと早めに異変に気づけば、居宅介護で認知症の予防ができたはずだったと思い

親の介護への備え方

●親の介護態勢はこう整える!

1 親が入院

親が突然、倒れて入院。入院中に足腰が弱るなどして、自立した生活をおくることが難しくなり、そこから介護が始まるケースも多い

↓

2 退院前に、病院で今後の方針を相談

最近は入院できる期間が短くなっている。退院後、本人が身の回りのことができるまでに長くかかりそうなら、介護態勢を整える準備を始める

↓

3 地域包括支援センターに相談

介護が必要かもと思ったら、最初の相談窓口は地域包括支援センターへ。各市区町村にあるので、親の住所の自治体に問い合わせを。介護の専門知識を持った職員に無料で相談でき、必要な情報が得られる

↓

4 介護保健の要介護認定を申請する

市区町村に要介護認定を申請すると、認定調査員が親の自宅や病院を訪れて聞き取り調査を行い、かかりつけの医師に意見書の作成を依頼。親の申告が不正確なこともあるので、認定調査には立ち会おう

↓

5 市区町村から要介護度を認定される

申請後30日以内に、市区町村から要介護度の認定結果が通知される

↓

6 ケアマネジャーと契約し、ケアプラン作成を依頼

要介護1~5なら地域包括支援センターでケアマネジャーが所属する事業所リストをもらい、連絡。対応可能なケアマネジャーに親の家へ来てもらい、納得できれば契約し、ケアプランの作成を依頼

↓

7 介護態勢を定期的に確認

*『日経WOMAN』(日経BP社)2016年12月号より

ます。2番目は、半分笑い話ですが、母が有料老人ホームに入った後に、実家にスロープを付けたこと。母が自宅に帰ってきたときに過ごしやすいようにしよう、改修費用として介護保険から約20万円出るし、と思っていたのですが、先に老人ホームに入ってしまったので、自宅は主たる居住ではないということになり、給付金を受け取れませんでした。この分野では**専門の自分でもこうした失敗をする**のです。自分の体験から感じるのは、**介護サービスについては、地域包括支援センターやケアマネジャーに早めに相談するのが一番**ということです。

“断捨離”は大事なものから

司会　お金や介護をどうするかに加えて、自分の持ち物をどうするかという問題もありますね。

大江　投資教育家の岡本和久さんと作家の林望さんの共著の『金遣いの王道』という本に、おもしろいことが書いてありました。**林さん曰く、「60歳からは貯蓄などせず減蓄をしろ」**と。減蓄とは耳慣れない言葉ですが、大切にしているものを手放すこと。モノを減らすときに、**いらないものからではなく、自分が一番大事なものから処分**していって、死ぬときには自分の周りには何も残っていない、どうでもいいものしかないというふうにすれば、思い残さずに死ねると。文学者の林さんの場合は、値打ちのある本をいっぱい持っている。仕事に必要な間は持っているが、いずれ有効に活用してくれる後輩や弟子にあげていくと。すごく共感しました。

私はビートルズのコレクターで、レコードを300枚くらい持っています。CDじゃないですよ。それからビートルズが来日したときの武道館のコンサートチケットやパンフレット……。オークションだと結構な値段がつくものも、なかにはあるらしいんです。でも、残された家族はそんなに価値のあるものなんて分からないじゃないですか。ひょっとしたらブックオフに持っていかれちゃうかもしれない(笑)。ならば生きているうちに本当にその価値を認めてくださる、大事にしてくださる人に差し上げたほうがいいということですよね。

井戸 では私の場合は、オレンジ色の箱に入った(エルメスの)バッグかしら……(笑)。

第3章まとめ

●健康とお金は似ている

❶どちらも人にとって大事なもの
❷手に入れるために多くの人が努力する
❸本来は手段なのに、往々にして目的と化す

●女性の人生には介護が3度ある

❶親の介護、夫の介護、最後は自分の介護
❷医療と介護でひとり800万円は必要
❸自分の介護のためにお金を残しておく

●医療と介護にいくらまで出すのか決めておく

❶公的な医療保険と介護保険には自己負担の上限額がある
❷お金があれば最先端の医療も受けられる時代
❸最後を介護施設で過ごすなら1500万〜2000万円

●親の介護、自分の介護への備えを

❶お金周りを片付けておく
❷親の様子がいつもと違ったら自治体の相談窓口へ
❸大事なものこそ先に手放しておく

第4章
幸せな老後のために
45歳から
やっておくべきこと

現役時代にえらかった人ほど〝キレる老人〟になる

年をとるとワガママになるのは宿命!?

最近、老人の暴走が雑誌などでよく取り上げられます。万引、ストーカー、すぐキレる……。実際、少し電車が遅れただけで駅員に食ってかかる老人を見かけたりします。高齢者の刑法犯検挙者数は、平成の30年間で、6・8倍になっています（令和元年「犯罪白書」より）。実は、年をとるとキレやすくなり、自己中心的になるのは必然なのだそうです。本人が悪いわけではなく、脳の前頭葉の機能低下が原因なのだと、老年精神学が専門の精神科医の方が雑誌のインタビューで語っていました。

若い頃は嫌なことを言われても我慢できたのに、年をとると自分の感情を抑えきれなくなり、すぐカッとなる。新しいものにチャレンジする意欲がなくなり、自分の経験に頼る部分が強くなります。

特に注意しなければいけないのが、現役時代に地位の高かった人。取締役とか部長など、会社で威張っていた人ほど、他人の話を聞かないし、意見を聞き入れない人が多いです。尊大な態度で接する、やたら命令口調で話す、女性を軽視する、肉体労働を嫌がる。これでは、人に嫌がられるのも当然です。

キレないためには、いろんな本を読んだり、人の話を聞いたりして学習機能を維持することが大事だといわれています。友人や家族とのコミュニケーションも有効です。この章では、幸せな定年後を過ごすために40代半ばから意識して取り組んでおきたいことを紹介します。

会社員か自営業かで準備すべきことは異なる

60歳からの不安の原因は、健康とお金と孤独の3つだと、この本で繰り返し言ってきました。ただ、それぞれの深刻度合いは、実は働き方によって異なります。

まず健康は、どんな職業の人であれ、一番大切であることに誰も異論はないでしょう。

では、残りのふたつはどっちが心配か。孤独とお金。**会社員の場合はお金よりもむしろ孤独**のほうなんです。正しい準備さえしていれば、老後のお金のことでさほど深刻な事態になる可能性は小さい。それよりも「はじめに」で書いたとおり、会社という場所を失うことで、やることや話し相手がいなくなる孤独に備えるべきです。

一方、自営業やフリーランスの場合は、引退する時期は自分で決められます。70歳でも80歳でも、元気で働けるんだったらどんどん働けばいい。そして、仕事がある限り孤独に陥ることはありません。しかしお金に関しては、会社員と違って厚生年金がないので公的年金は少ないですし、退職金も企業年金もありませんから、自分で用意しなきゃいけない。**自営業・フリーランスの人は、稼げる間に会社員以上に自分の老後をまかなうためのお金の備えが必要**です。それを怠ると、年をとってからの生活が悲惨なことになりかねません。

ここからは、会社員と自営業に分けて、40~50代から老後のために準備をしてお

会社員と自営業で異なる“優先順位”
会社員
孤独
病気
お金
自営業
お金
病気
孤独
マル 定 テイ
青果

くべきことをお伝えましょう。

会社員の最優先の課題は孤独

会社員の場合、老後に備えて準備しておくことが4つあります。ひとつ目は人脈をつくること。ふたつ目は、コミュニケーションを大切にすること。3つ目が生活の無駄をなくすこと。4つ目が健康に気をつけること。

ひとつ目の人脈をつくることがなぜ大事かというと、ふたつ理由があります。会社を辞めた後も人とのつながりがあることで、孤独に陥らない。それに、転職や起業をしようと思うのであれば、人脈が最も重要だからです。ところが、会社員は会社を辞めると、実質的には人脈はゼロになってしまいます。

私自身も、そうした経験をしました。サラリーマン時代の最後の10年間は確定拠出年金の仕事をしていたので、退職後は自分で投資教育の仕事をやりたいと思っていたんです。そこで半年間の再雇用を経て独立する直前に、これまでの取引先に挨拶して回りました。「今度、独立して自分で投資教育をやりますから、よろしくお願いします」と。みなさん、「それはありがたいな、ぜひお願いします」と言ってくださったのですが、今日に至るまで1件も依頼はありません（笑）。会社員時代に会社の看板を背負ってつくった人脈って、その程度のものです。

だから、会社以外でしっかりとしたつながりをつくることが大事です。もちろん、それは簡単なことではありません。よくあるような「ビジネス交流会」のようなものに参加しても、なんの役にも立ちません。むしろ、ビジネスを表に出さない会合や集まりに積極的に参加したほうがいいと思います。

私の場合、仕事としては年金や投資といった分野を主体にしていこうと思っていましたので、個人投資家が投資の勉強をするために情報交換をする集まりや、企業年金の事務局の人たちの集まりにコツコツ顔を出しました。そこでいろいろな話をしていくなかで、「こんなことをやってくれないか？」と声がかかるようになった。今こうして仕事ができているのは、そういう機会に知り合えたみなさんのおかげです。

「お金の貯金」より「人の貯金」をする

ふたつ目にあげたコミュニケーションを大切にすることは、人脈づくりとも相通ずるところがあります。

定年後、孤独に陥らないために、友人や家族とのコミュニケーションをどうとっていくか。「**基本はギブオンリー、何かをしてあげること**」。よく、2ギブ1テークといいますね。まず、相手に見返りを求めないで何かをしてあげる。そうすると、必ずどこかで助けてもらえる。いい友人をつくりたいなら、同じことです。まずはギブ、その人のために何かしてあげましょう。

先ほども言いましたように、世の中にいっぱいあるビジネス交流会はなんの役にも立ちません。テークしたい人ばっかりが集まっているからです。自分の製品やサービスや、自分の商売を売り込みたい人ばっかりが集まっている。

そんなところでどんどんギブしていたら、すっからかんになってしまいます。そうじゃなくて、例えば普通にみんなでご飯を食べに行く会とか、同じ趣味同士で集

会社員がすべき4つのこと

1. 人脈をつくる
2. コミュニケーションを大切にする
3. 生活の無駄をなくす
4. 健康に気をつける

まる会とかに顔を出す。そうした付き合いのなかで、友人ができたり、利害関係抜きに、こういう人を紹介してあげようとか、こういうことを教えてあげようとかいう機会が生まれるのです。これは先ほど私が述べたように、自分自身の体験から実感していることです。特に40代後半以降は、なるべく会社の外で付き合って友人をつくりたいものです。

自分自身に投資しなさいとよくいいますけど、私は**自分への投資はやり過ぎないほうがいい**と思っています。自分に投資するお金があるなら、むしろ人のために使うことを私はすすめます。なぜなら、人のために使ったお金がその人にとっての「貯金」になると思うからです。すぐには下ろせないかもしれないけれど、いつか必ず何かのかたちで返ってくる貯金です。

夫婦共通の趣味などなくていい

家族関係において、私の基本的な考え方は、親・兄弟・子供は血のつながった他人、そして夫婦は、人生を共に戦ってきた、多分これからも共に戦うであろう戦友というものです。老後は夫婦で共通の趣味を持てとよくいいますが、そんなものなくてもいいです。自分の趣味を大切にしたほうがいい。別々で構わないと思います。

共通の趣味がひとつあれば理想ですけど、なくても全然構いません。**ひとりで過ごす時間が大事**です。孤独なことと、ひとりでいることは違います。相手を尊重して、ほどよい距離を保つ、相手の世界にあまり立ち入り過ぎないようにする、これは男性も女性も、パートナーとうまくやっていくコツだと思います。

子供がいる人の場合、子供との関係を良好に保つにはイクジイ、イクバアになることがおすすめです。引退した後は、時間の余裕がありますから、お孫さんができたら、ぜひ積極的に取り組んでください。私も娘が仕事をしているので、イクジイをやっています。社会に受けいれられ、自分が孤独にならない、迷惑な老人にならないためのひとつの方法だと思います。

ここまでのポイントは主に会社員の方向けのアドバイスですが、３つ目の「生活の無駄をなくす」、４つ目の「健康に気をつける」は、自営業の方も同様ですから、後ほど説明しましょう。

自営業の最大の課題は蓄え

自営業・フリーランスの人が40～50代で準備しておくべきことは、次の４つです。ひとつ目が老後資金の準備をしておく、ふたつ目が社会保険を大切にする、３つ目が生活の無駄をなくす、４つ目が健康に気をつける。このうち、３つ目と４つ目はサラリーマンと共通で、自営業にとって大切なのはひとつ目とふたつ目です。

先ほども書いたように、**自営業・フリーランスは、サラリーマンに比べて、老後に入ってくるお金が少ないんです。**厚生年金もないし、企業年金も退職金もないわけですから、必然的に自分で用意することを考えなければいけません。知り合いに、生活保護から自立するための支援を行うＮＰＯ団体の人がいて、その方いわく、年をとって生活保護に陥る人の大半は、元自営業だそうです。

自営業やフリーランスの人の老後資金の準備として、最強の手段は個人型確定拠出年金（ｉＤｅＣｏ《イデコ》）だと思います。加入できるのは60歳までですが、一番すごいのは所得控除という仕組みがあること。掛け金の全額が所得控除され、年末調整や確定申告で税金が戻ってくるのです。自営業ならば掛け金の上限は年間81万6000円にもなります。60歳まで下ろせないのもいい点です。いざというときに困るじゃないかと言う人もいるんですが、60歳以降に使う資金専用として、下ろせない仕組みにしておいたほうがむしろいいと思います。

自営業の人ならば、**小規模企業共済**もやっておいたほうがいいでしょう。これはいわば、**国がつくった自営業者のための退職金制度**です。掛け金は月1000円から7万円まで。イデコ同様、税金を軽減できるメリットがありますし、イデコと違って60歳以降も入れるので、フルに活用を考えたほうがいいです。

逆に**利用しないほうがいいのは、生命保険会社や銀行が販売する個人年金保険**です。金利が高いときはいいのですが、今みたいに非常に金利の低いときに入ると、長期間、低い金利のまま固定され、しかも加入後の大半の期間は、中途解約したら元本を割ることになります。

安易な投資も、気をつけないといけません。貯蓄から投資へといわれていますが、投資はしてもいいけれど、しなくてもいい。しなければ大変なことになるかというと、そんなことはありません。**投資で失敗して死んだ人はいますけど、投資しなくて死んだ人はいません。**強迫観念に駆られて投資をすることは、やめたほうがいいでしょう。

国民年金を払わないと損する！

自営業やフリーランスの人が40～50代から準備しておきたいことのふたつ目は、**社会保険にきちんと加入しておくこと**です。サラリーマンは年金保険料を給与から天引きされますから、払わないわけにはいきません。ところが、自営業は自分で年金保険料を納めます。年金の未納率が4割と報道されたりしますが、これは国民の4割が年金保険料を納めていないという意味ではなく、1号被保険者（自営業者）の納付月数が本来納めなければならない月数の6割しか納めていないという意味なんです。つまり4割の人が一銭も納めていないわけではありませんが、自営業のうち一定割合の人が納めていないことは事実です。

自営業がすべき4つのこと

1 老後資金の準備をする

2 社会保険を大切に!

3 生活の無駄をなくす

4 健康に気をつける

しかし、**自営業の人は年金保険料を納めないと明らかに損をするんです。**なぜなら、保険料を決められた年数納めると年金が支給されますが、その支給額の半分は国が負担しています。国が負担するということは、すなわち税金から支払われるわけです。年金保険料を納めていない人だって、税金は払っていますよね。ところが、年金保険料を納めていなければ年金は1円ももらえません。ということは、そういう人たちは自分が払った税金まで無駄にしていることになるんです。

世の中には、国民年金の保険料を払わないで生命保険会社の個人年金保険に入っている不思議な人もいます。これは、やめたほうがいいです。

無駄な保険&ローンが老後の家計の敵

会社員でも自営業でも大切なことは、3つ目の「生活の無駄をなくす」と、4つ目の「健康に気をつける」。

第1章で、定年後の生活費を削減するために私が取り組んだことを紹介しました。特に強調したいのが**無駄な保険に入らないこと、**さらに付け加えるとしたら**不**

自営業者こそ社会保険を大切に

✔ 会社員に比べると自営業者の公的年金は少ない

✔ 会社員と違って年金保険料を自分で納める

✔ 年金保険料を納めなければ、明かに“損”をする

保険料を納めると…

50% 保険料
50% 税金
→ 年金支給

保険料を納めないと…

50% 保険料
50% 税金
→ 年金無し

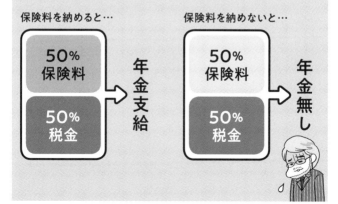

用意にローンを組まないこと、です。日本の1世帯当たりの年間の生命保険料は38万円です。毎年40万円近いお金を生命保険に払っています。30年間入り続けたら1200万円近くになります。ひょっとしたら、それだけのお金は貯金しておいたほうがよかったかもという可能性だってあります。保険は必要最小限にとどめ、あとは貯蓄や投資に回しておいたほうがはるかに合理的だし便利だと思います。

ローンも一緒ですね。ローンはお金を借りることですから、金利は、人のお金を使わせてもらったことに対する使用料です。そして金利は費用の一種ですから、費用を上回る便益があるかどうか、リターンがあるかどうかが合理的に判断する基準です。企業だったら簡単ですね。お金を借りて設備投資をしても、その払った金利を上回る利益が見込めるから投資するわけです。

ところが**個人の場合は、費用対効果を考えると費用を大幅に上回るリターンを得られることはまずありません**。住宅ローンについては、「長期にわたり自分が快適な生活を自分の家で安心しておくれる」ということがリターンですから、そのことが自分の人生観として価値があると思うなら、利用してもいいと思います。ただし旅行や車の購入など、何にでもローンを使うのは、無駄な費用を払うことになりますから、気をつけたほうがいいでしょう。

4つ目の「健康に気をつける」。フェイスブックなどを見ていると、毎晩飲み会に行っている人もいますが、これはあまり感心しません。ほどほどにしておくべきです。飲み過ぎ、食べ過ぎはいけません。極端な健康法もやめたほうがいいです。

これをすれば絶対という健康法と、これをすれば絶対という資産運用の方法はありません。例えば投資について、短期に売買するのではなく、投資信託を使って長期間、国際分散投資をすれば絶対大丈夫なんて思い込んでいる人もいますが、そうとも限りません。

将来のことは誰にも分かりませんから、**投資で「絶対大丈夫」と信じ込むことは危険です**。

あくまでも自分で考えて、自分が納得することが大切だということを忘れないようにしてください。

熟年離婚は夫婦両方を〝ビンボー老後〟にする

再雇用で働いても70歳目前に貯蓄ゼロ？

左ページのグラフを見てください。45歳から定年後までのキャッシュフローです。夫45歳、妻40歳、10歳と5歳の子供がふたりいる家族を想定しています。夫の年収は手取り485万円、妻は専業主婦です。すでに1500万円の貯蓄があります。45歳で住宅を購入し、住宅ローンが2500万円（25年返済）。子供はふたりとも高校まで公立で、大学は私立文系に進学するとします。60歳の定年退職時には一時金で退職金を受け取ります。退職金は現在の大手企業の設定で2150万円。定年後5年間は、再雇用で350万円ほどの収入も確保する予定です。比較的よくあるケースだと思います。今の段階ではなんの問題もないような気がしますよね。

なぜ?65歳まで働いても"ビンボー老後"

●平均的な会社員の家計収支の推移

＊シミュレーションの条件

家族構成	夫(会社員45歳) 妻(専業主婦40歳) 長男(10歳) 次男(5歳)		
手取り	485万円(40代)➡ 510万円(50代)➡ 350万円(60~65歳)		
年金	220万円(夫) 80万円(妻)	住宅ローン	2500万円(2016年時点)

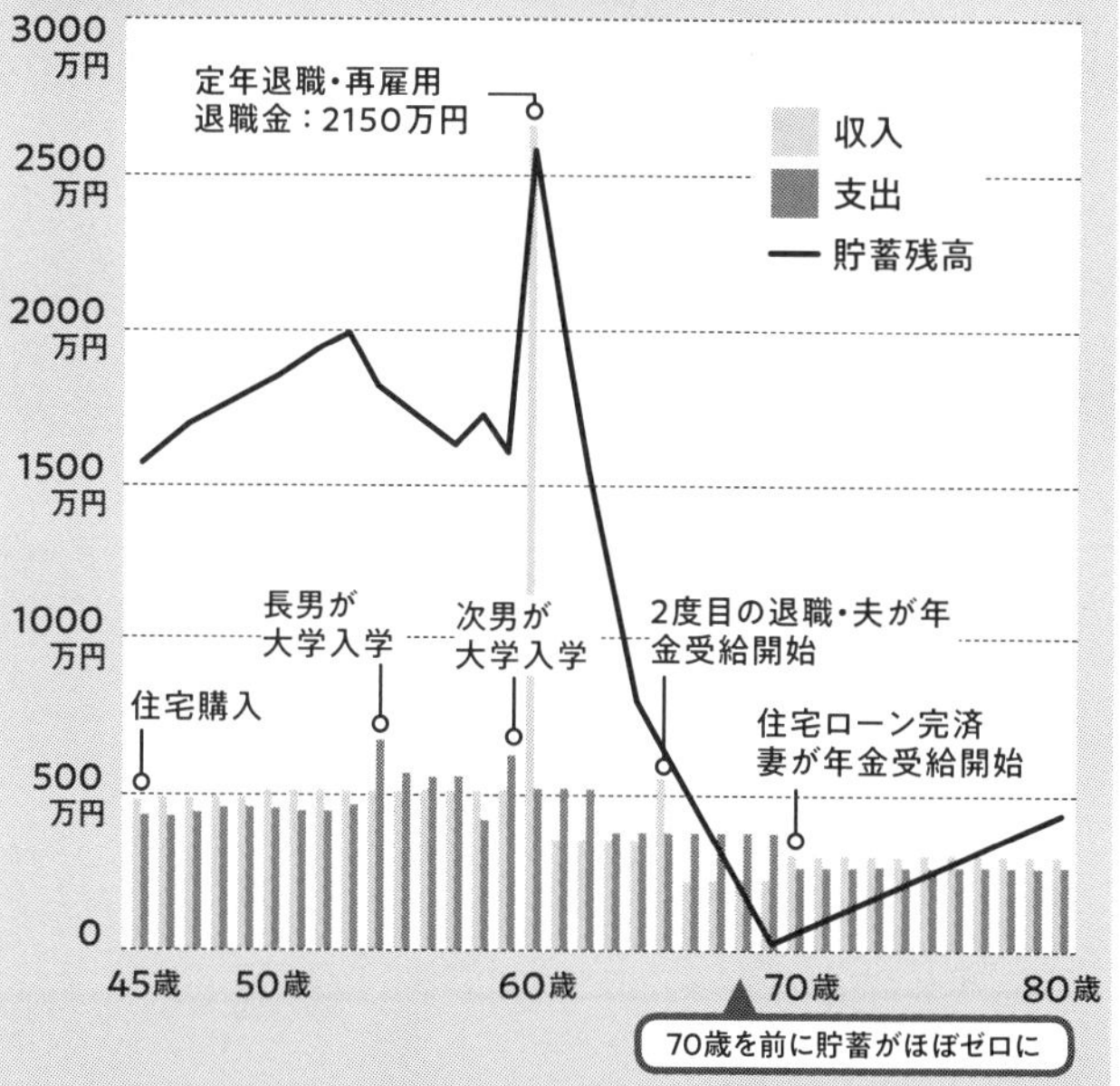

ところが貯蓄残高の推移を見てみると、60代前半に急激に減少し、69歳で底をついてほぼゼロとなっています。

なぜ、こんなことになってしまうのか。年齢とともに年収は上昇する設定なのですが、子供の進学などでそれ以上に出費がかさみ、子供ふたりが大学生になる50代後半以降は支出が収入を上回る年が続きます。60代前半は再雇用の収入はあるものの住宅ローンの返済と教育費の負担が重くのしかかり、家計が圧迫されます。緊迫した状況が続き、ついに夫が69歳、妻64歳のときに貯蓄はほぼゼロになってしまうわけです。

妻が65歳になり、年金を受け取り始めると年金収入がふたり分になることで、なんとか家計は持ち直します。このケースには、遊びの費用や、不慮の病気・事故などによる出費は含まれていません。年収がそこそこあって、貯蓄もある、退職金をもらい、再雇用で働いても安心できない。なぜそうなったかといえば、**収入を上回る支出を改善できなかったから**です。

リタイア後の家計収支は月4万円程度の赤字

相談でもよくあるパターンですが、年収が高い家庭は、やはり生活レベルが高く、年をとってもなかなか支出を減らせません。現役時代の年収に比べ、年金収入はかなり少なくなるので、**50歳くらいから家計をミニマムにしていくのが理想**だけど、これが難しいのです。第2章で、私が家計相談で扱う定年家計には、年間100万～150万円の赤字になってしまうケースが多いと書きました。平均的にはどうなっているのでしょうか？

総務省の家計調査に、高齢者夫婦無職世帯（ふたり以上の世帯で世帯主が60歳以上の無職）の家計収支が出ています（2018年）。171ページの図をご覧ください。実収入が約22万円。税金、社会保険料を除いた可処分所得は約19万円です。これに対し支出が約24万円。毎月4万円くらいお金が足りないということです。リタイア後の家計収支が赤字か、トントンに収まるかは家庭によって違ってきます。まずはご自身の「ねんきん定期便」で年金額を確認してください（「ねんきん定期便」の見方は48〜49ページを参照）。夫婦の年金を合算したらいくらになるか。もし赤字になりそうなら、これをどう補うか。資産を取り崩すのか、働くのか。事前に考えておくことを第1〜2章で、すすめてきました。

支出の内訳を見てみると、住居費が全体の5・8％になっています。ということは、住宅ローンは払い終わっているという前提での収支です。つまり、もしローンの返済があれば、さらに家計は厳しくなります。現在、住宅ローン金利は低いですし、住宅ローン減税で税金が戻ってくる制度はあるしと、定年後の生活を考えて現役のうちにお金を借り家の買い替えやリフォームをする選択もありますが、慎重に考えたほうがいいです。大江さんが、ローンは金利を払ってもそれだけの価値があるかを考えようと書いているとおりです。

夫に先立たれると、妻の収入が半減

一方、シングル世帯の収支はどうでしょうか？　同じく総務省の家計調査で、高

高齢者夫婦無職世帯の家計収支*

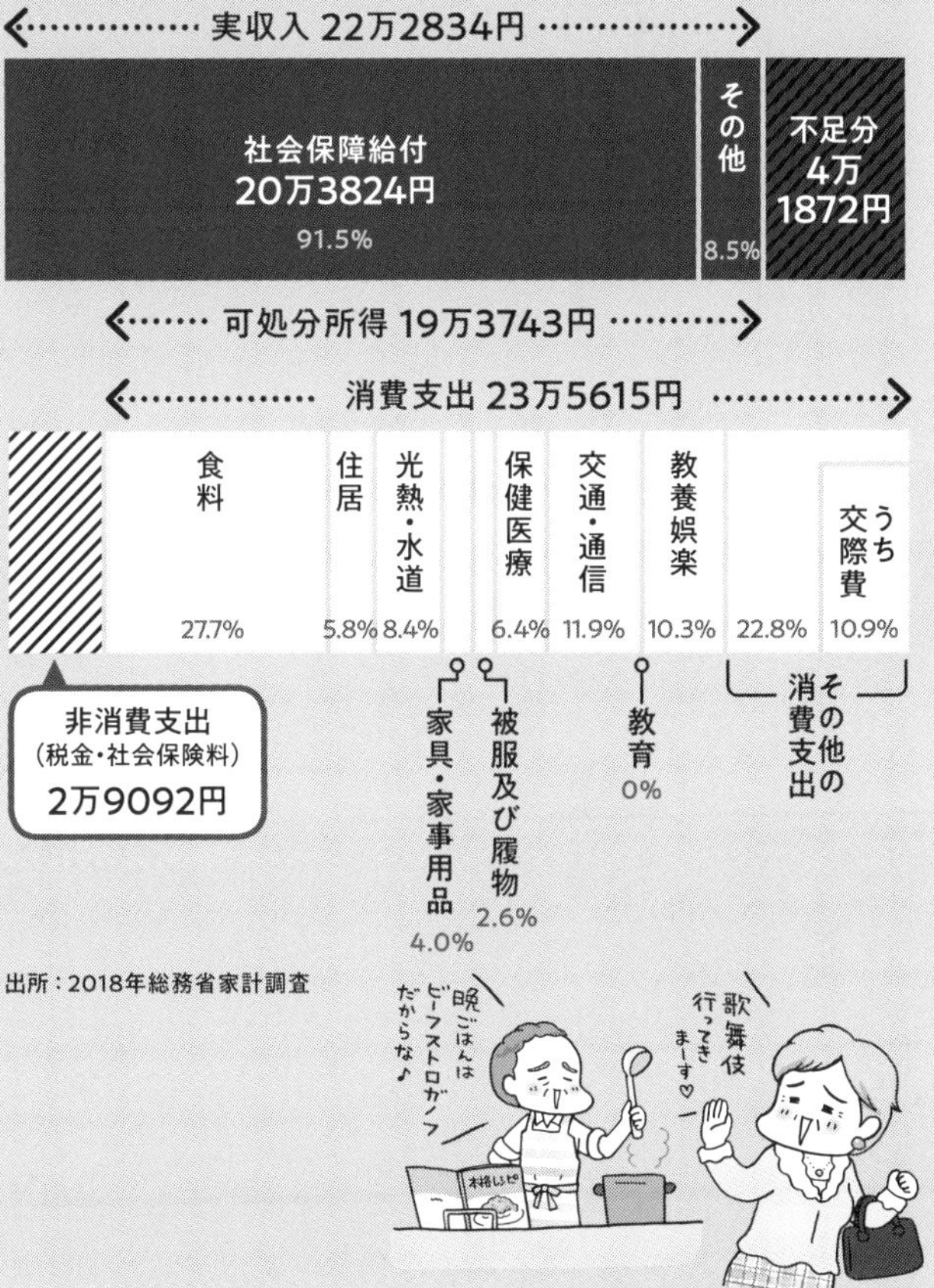

出所：2018年総務省家計調査

齢単身無職世帯（60歳以上の単身無職世帯）の家計収支を見てみましょう。1カ月の支出が約15万円。ふたり世帯の約半分です。一方収入は約12万円で税金、社会保険料を除いた可処分所得は約11万円、不足額は4万円弱です。

頭に入れておきたいのは、夫婦世帯のどちらかひとりが欠けたとき、年金収入がどれくらい減るかです。いくつかのケースで試算してみました（174ページ参照）。

まずは、会社員の夫が亡くなり、専業主婦の妻が残されるケース（174ページのcase2）。男性には申し訳ないのですが、女性のほうが長生きですから、一番多いパターンです。遺族厚生年金として夫の老齢厚生年金の75％を、妻自身の老齢基礎年金に上乗せすることになります。逆に専業主婦の妻が先に亡くなった場合は、夫は自分の年金分のみ。妻の遺族年金はもらえません。

次に夫婦とも現役時代は会社員で、ずっと共働きだったケース（174ページのcase1）。夫婦とも自分の老齢厚生年金を100％受け取り、それよりも相手の老齢厚生年金の75％のほうが多い場合には、その差額を遺族厚生年金として受け取ることができます。いずれのケースでも、**夫婦で暮らしていたときに比べると、年**

金額は半分ぐらいと思っておいたほうがいいでしょう。

夫婦ともに自営業やフリーだったケース（175ページのcase３）。夫が先に亡くなると、妻に死亡一時金または、寡婦年金（60～65歳の間のみ）が支払われます。逆に妻が先に亡くなった場合は、妻の死亡一時金12万～32万円を夫は受け取ります。会社員のケースのような遺族年金は支給されないので、厳しいですね。

離婚の財産分与は、半々が目安

人生、何が起こるか分かりません。結婚していても突然ひとりになることもありますね。離婚です。ずばり**断言しますが、離婚すると妻も夫も、老後は貧乏になる場合が多いです**。財産分与や年金がどうなるのかみてみましょう。

離婚時の財産分与は、結婚している間に築いた財産の半分が目安です。共働きでそれぞれに口座を持っている場合は合計して半分にするのが原則。隠しているんじゃないかと思ったら、チェックしたほうがいいでしょう。借り入れは差し引きます。勝手につくった借金は対象外。請求は２年以内です。

配偶者に先立たれると年金額は？

case 1 夫婦とも、会社員の場合

金額は、夫婦ともに1977年生まれ。 夫の厚生年金加入期間456カ月、現役時代の平均標準報酬額46万円、妻の現役時代の平均標準報酬額は456カ月で38万円の場合

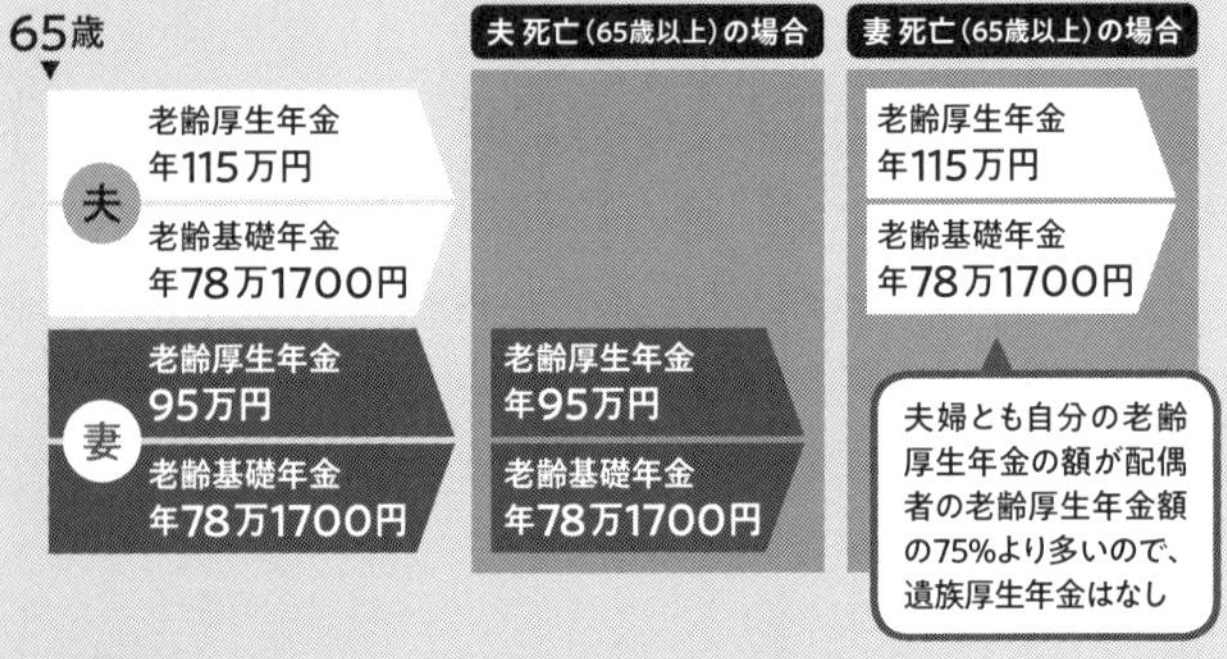

case 2 夫会社員、妻専業主婦の場合

夫婦の生年、夫の収入はcase1と同じ。 妻は国民年金に満額加入の場合

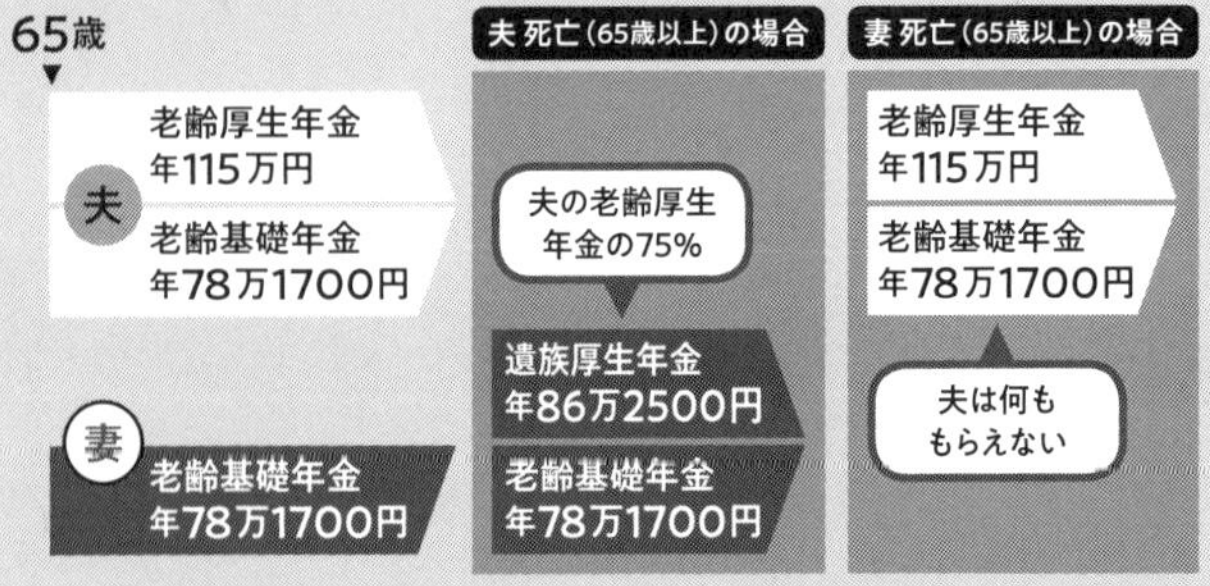

case 3 夫婦とも自営・フリーランスの場合

夫婦の生年、夫の収入はcase1と同じ

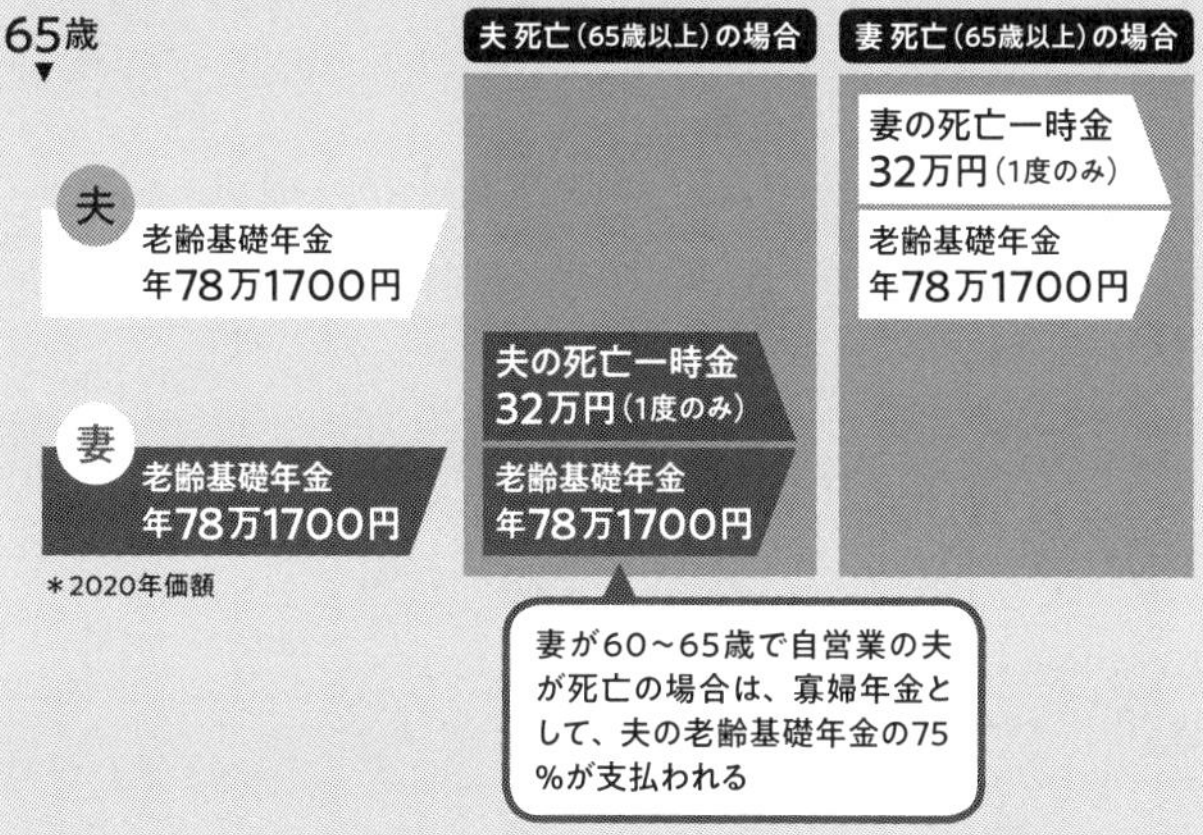

どちらかに責任があって離婚にいたった場合の慰謝料の目安はどれくらいでしょうか？　結婚していた期間と責任の度合いにより異なり、期間が短いと少なくなります。

結婚期間が20年以上でも、責任中度で８００万円。実態として多いのは３００万円くらいのようです。

離婚時の年金分割、たいしてもらえません

離婚すると、年金はどうなるでしょうか？　年金分割という制度で離婚した妻も夫の年金の一部を受け取れるから大丈夫と思っている人もいるかもしれませんが、実はたいしてもらえません。分割できるのは、厚生年金の部分だけだからです。夫が自営業なら、１円ももらえません。

夫が会社員や公務員なら、結婚していた期間に加入した分の厚生年金の最大半分がもらえます。最大半分とはどういうことかというと、年金の第３号被保険者、つまり専業主婦は必ず半分もらえます。強制分割といいます。例えば結婚期間30年と

して、その間の厚生年金が10万円だとすると、半分は5万円です。多くても月5万〜6万円ではないでしょうか。**専業主婦だった場合、自分の老齢基礎年金7万円弱と合わせても10万円ちょっと**です。

一方、妻が結婚中に会社員として働いている場合は、夫と妻の年金の報酬比例部分（厚生年金のこと）を合計して、合意のもとで半分に分割します。妻のほうが夫より、高所得な会社員だった場合は、夫へ年金を渡す（分割する）ことになります。

例えば私は自営業で、第1号被保険者です。夫は公務員でした。もしも私が離婚して夫の年金を分割してほしい場合は、最大50％として、夫婦の話し合いで配分を決めることになります。仕事で出張が多くあまり家にいなかった私は、家庭人としての役目を果たしていなかったねと夫に追及され、認めると、30％ぐらいに減らされる可能性があります。もちろんそんな予定はないので、あくまで試算例としてご紹介しました。

40代、50代で女性がやっておくべきこと

こうしてみてくると、できれば夫婦円満で、女性も自分で稼ぐ力を持つことが大事ですね。現在、専業主婦家庭は600万世帯あるそうです（2018年・総務省労働力調査）。言い換えれば専業主婦が働くことで、家計を改善できる可能性を秘めています。健康保険料、介護保険料、年金保険料は値上がりし、一方、給付は絞られることがほぼ確実ですから、夫婦ふたりで働くことで「定年後」という難局を乗り切りたいものです。

シングルの女性なら、60歳以降も働き続けることを前提に40代からいろいろと準備しておきましょう。大江さんが書いているような、現役時代から仲間をつくる行動が役立つのはもちろん女性だって同じ。人間ひとりの力はちっぽけで、ふたり、3人……と、多くの人が集まり、協働することで社会は成り立っています。交通事故や病気などの危機のとき、仲間がいるといないとでは大きく違ってきます。

年金分割

●結婚期間に応じた分だけ、最大50%まで分割する

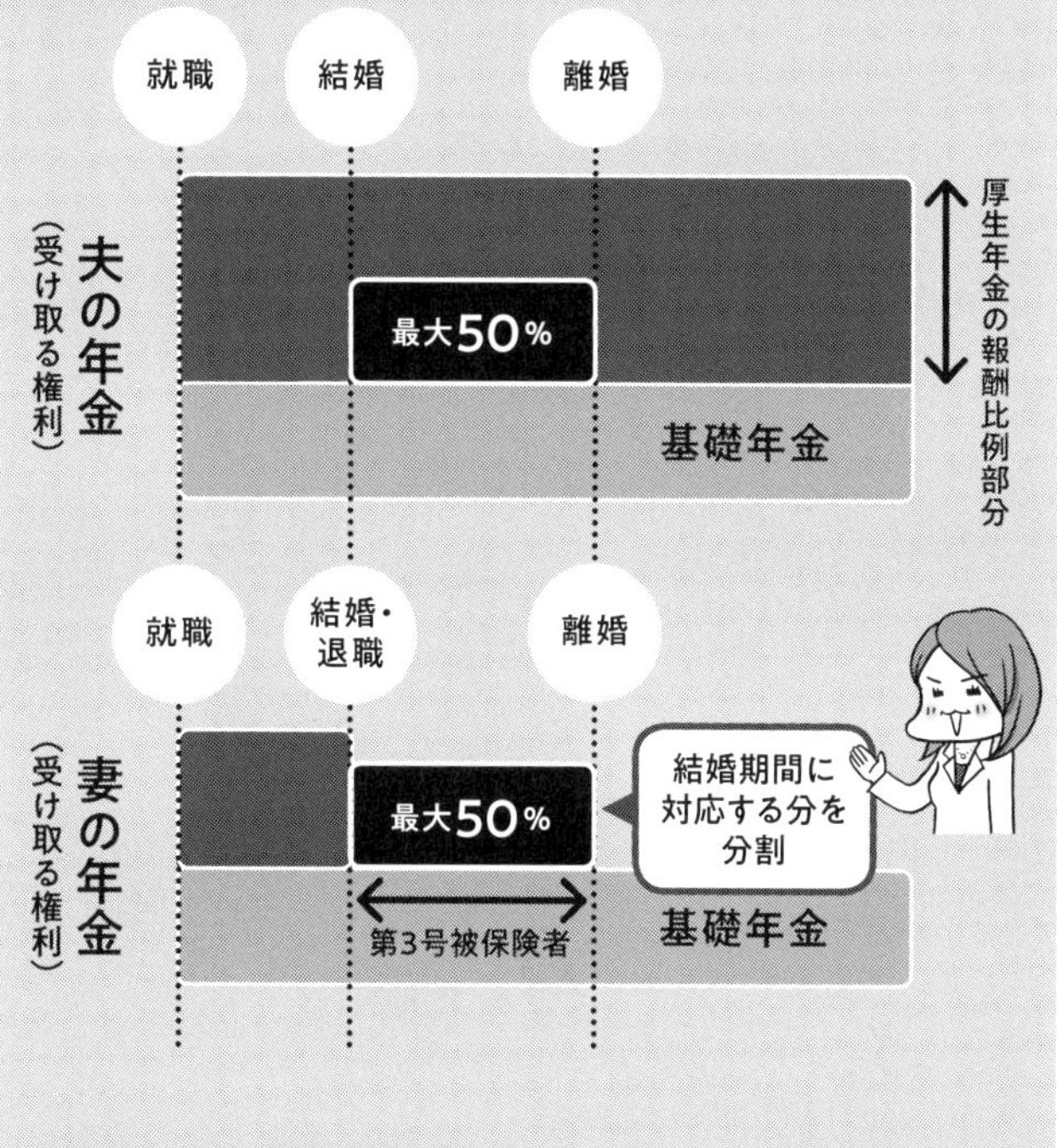

注:会社員だった妻が結婚と同時に退職し専業主婦になった場合。妻が結婚期間中に厚生年金に加入していた場合は、夫と妻の報酬比例部分を合計してから分割する。

長い老後を豊かに暮らす知恵

やっぱり老後は長い

司会　あらためて思ったのは、老後は長いということです。２０５０年の時点で、男性の４人に１人は93歳、女性の４人に１人は98歳まで生きていると推測されています（国立社会保障・人口問題研究所）。**女性はほぼ１００歳まで生きるつもりでいないといけませんね。**

井戸　心配なのは、健康寿命といわれるひとりで生活できる年齢と寿命の差、つまり不健康な期間が今、女性で約12年あります。平均寿命より、健康寿命ののび率が上がってきていますが。長いです。

司会　対策としてはやはり、少しでも老後資金を増やしておくことでしょうか？その点で年金を増やせる繰り下げ受給に関心があります。

井戸　**年金は最大70歳まで繰り下げ受給することができ、1カ月受け取りを遅らせると1回の支給額が0・7％増えます。**1年では8・4％。つまり70歳まで5年間受け取りを繰り下げると、1回の支給額が42％増えるわけですね。これで月々の収支の赤字分を解消できる可能性があります。代わりに70歳までは働く、あるいは手持ちの資産でなんとかするなど心づもりをしておくことです。

司会　総額で換算して繰り下げの効果があるのは、何歳まで生きる場合でしょうか？

井戸　65歳から受け取った場合の総額に追いつくのが、66歳からの受け取り開始なら77歳、70歳からの受け取り開始なら81歳です。それぞれこの年齢以上に生きれば、繰り下げした効果があったことになります。長生きをすることで、生活費が足りなくなることに備えるわけです。長生きリスクをカバーする保険として考えましょう。

司会　受給を遅らせているうちに年金財政がどんどん悪化して、もらいそこねるのではという意見もありますよね。

大江　年金に詳しい慶應大学の権丈善一先生の本に書いてありましたが、国民年金制度ができた１９６１年当時、男性の平均寿命は65歳だったのです。ということは、**60歳から年金をもらい始めて5年で人生の終わりを迎えた**ということです。

本来、**年金は人生の晩年の数年間をまかなうために国がつくった制度**です。現在は65歳からの受け取りになりましたが、平均寿命が80歳を超えたわけですから、年金財政が厳しくなるのも当然だと思います。だから、長く働いて長く年金保険料を納めて、年金の受け取り期間を後にしましょうというのは極めて合理的なことです。もし70歳まで働いて厚生年金の保険料を払い続け、なおかつ全員が70歳から年金を受け取るなら、所得代替率は86％くらいになるそうです（年金を受け取る時点で現役世代の平均手取り収入の86％がもらえるということ）。

昔の60歳と今の70歳を比べたら、今の70歳のほうが元気だと思いませんか？　みんなで頑張って、70歳まで働けるような環境と制度をつくったうえで、働ける人には働いてもらい、年金は70歳から受け取る。もちろん、体を悪くしたり働けない人

老齢年金を増やす方法もある

年金の受け取りを遅らせる（繰り下げ）と、1回の支給額が増える。 下表は65歳から受け取った場合の1年間の年金額を100としたときの65歳からの受け取り総額。 例えば65〜77歳までの受け取り総額は100×13年間で1300となる

年金の受け取り開始年齢		65歳〜	66歳〜	67歳〜	68歳〜	69歳〜	70歳〜
受給率（65歳から受け取った場合を100とした、1回の年金支給額）		100	108.4	116.8	125.2	133.6	142.0
この年齢まで生きた場合の受け取り総額	77歳時点	1300	1300.8	1284.8	1252.0	1202.4	1136.0
	78歳時点	1400	1409.2	1401.6	1377.2	1336.0	1278.0
	79歳時点	1500	1517.6	1518.4	1502.4	1469.6	1420.0
	80歳時点	1600	1626.0	1635.2	1627.6	1603.2	1562.0
	81歳時点	1700	1734.4	1752.0	1752.8	1736.8	1704.0

何歳まで生きると繰り下げによる増額効果が出るか?
65歳から受け取るより年金総額で多くなるのが青い部分

ex. 66歳なら ➡ 77歳以降
70歳なら ➡ 81歳以降

＊老齢基礎年金。 繰り下げは年当たり8.4%の増額（月当たり0.7%増）
＊税金、社会保険料は考慮していない

は国が手厚く保護すると。そういうふうにしたらどうでしょう。

ひがむな、ひるむな、引っ張るな

司会　そうすると、やっぱり70歳まで働き続けるのはすごく大事と。それには、会社以外の人脈や友達が欠かせないということでしたね。でも、難しそうです。

大江　努力が大事です。**自然に友達なんかできませんよ。**だって、放っておいたらどんどん魅力がなくなっていくんですから。そうでしょう？　肌も汚くなっていくし、みすぼらしくなっていくし。年をとったら、**誰もそんなジジイと付き合いたいなんて思わないですよ。**だから、やっぱり努力しないとダメなんです。

努力とは何かというと、少しでも相手にプラスになることをお手伝いしてあげるとか、面倒を見てあげるということです。お節介おじさん、お節介おばさんでいいんです。何かをしてあげる。自分は毎日家でお茶漬けでいいけれど、若い人にはごちそうしてあげるとか、お金の使い方、努力の仕方を考えないと、友達はできないです。友達をつくることを甘く見ないほうがいいと思います。

井戸 実は私、あまり集まりとかは行きません。そもそもお酒を飲めないし、みんなで集まってわいわいするのも、人に合わせるのも苦手だったり、午後10時には寝ると決めているので（笑）、ほとんど夜のお付き合いってしないんですね。

気をつけているのは3つの「ひ」。「**ひがむな、ひるむな、引っ張るな**」です。私のように社労士でファイナンシャル・プランナーの人は、ゴマンといるわけです。この業界、若い人がどんどん出てきます。私がしたかったなという仕事をほかの方がしていたりするわけです。でも、そこでひがんじゃダメなんです。かといって、もう年だからやめてしまおうかな、とひるむのもよくない。そして、一番しちゃいけないのが人の悪口を言うこと、足を引っ張るな、ですね。私が苦手と思っていると、たぶん相手もそう思っているので、なるべくそう思わない。お友達づくりは3つの「ひ」が特に大事かなと思います。人と比べないということでしょうか。

司会 大江さんは、定年後に見事に経済コラムニストに転身されました。

大江 今は執筆と講演で食べていますが、最初の半年間は何も仕事はなかったし、1年間くらいは、講演や執筆もほとんど無報酬でやっていました。お金を渡すほどの価値はないと見られていたんでしょう。それでも頑張って質の高いものを提供すれば、「じゃ、次も」ということになります。**努力は、友達づくりだけでなく、仕事のチャンスがあったら、そこで最高のものを提供することでもあります。**そうしないと、もう次はないというくらいの感覚で取り組まないとダメだと思います。一緒に仕事をしたり、お金を払った人が本当によかったと満足しない限り、次はもうないです。実際、私も独立初期の頃、2時間の謝礼無料の講演のために、120時間くらい時間かけて資料を作りました。

司会　おおお〜、それはすごいです。井戸さんの「ひがむな、ひるむな、引っ張るな」も、心に響きますね。会社員も50歳過ぎると先が見えてくるし、チャンスは若手に譲らなきゃいけないと思う一方で、自分の居場所も確保しなくちゃいけない。この辺のせめぎ合い、なかなか難しいです。

井戸　私の場合は自営業ですから毎年、確定申告のときに、ずっとお仕事をいただいていた会社からご依頼がなかったと気づくことがあるんですね。でも、そこがダメになっても、また違うところで認めてくださったりする。あまり年齢を意識せず働いていますが、気をつけているのは、**取引先の担当者より自分のほうが年齢が高くても、タメ口というか、えらそうに話さないこと。**どんな相手にも「ですます調」です。年齢が上だからえらいわけじゃないことを、すごく意識しています。

大江家、井戸家の老後資金の運用は？

司会　40〜50代は、どんなふうに投資と向き合ったらいいでしょうか？

大江　**一番大切なのはその人の「リスク許容度」**だと私は考えています。投資をした結果、少しでも値下がりすると不安でたまらないのでは生活にも支障が生じてしまいますから。なので自分はどのくらいの損に耐えられるかのリスク許容度をまず知りましょう。基本的には資産の額が多いほど多少の値下がりにも耐えられるようになりますが、性格も大きいです。資産残高とリスク耐性でリスク許容度を知るチェックテストを作りましたので、試してみてください（189ページ）。リスク許容度が低いなら、無理して投資をせず、定期預金で増やせばいいと思います。

司会　投資する際も、投資信託を使った積み立て投資や長期投資だからといって、必ず報われるというわけではないことに注意せよということでしたね？

大江　運用の仕方もいろいろありますけど、**一番無難なのは投資信託を使って、世**

界の株や債券に分散投資を行うこと。一度にまとまった額を投資せず、**少額ずつ投資すること。**気をつけなければいけないのは、金融機関はたとえどこであっても完全に信用することは禁物だということです。なぜなら、あらゆる企業は、自分たちの利益を最大化するために行動するのが当然だからです。**相手のおすすめを信じ込んでしまったらダメ。**投資や資産運用では、常に疑いの目を持つことが大事なんです。いつも自分のセミナーで、私はこう言っています。私を信じちゃいけませんよ、って。だって、それは私の意見なんだから。私はそう思ってるけど、それがあなたにとって正しいかどうかは誰にも分からないのです。

司会　大江さんや井戸さん自身は、どんな投資をしていますか?

大江　**私のメインの運用は個別株式投資と普通預金です。**投資信託も持っていますが、あまりたくさんはありません。人に運用を任せるのは嫌なんです（笑）。だからといって私が運用上手なわけではありませんが、自分で考えて投資することが好きなので、どうしても投資信託よりも個別株に目がいきます。銘柄選びをいろいろと考えるのは楽しいですから。

あなたのリスク耐性を判定！

●「リスク許容度」チェックリスト

資産残高の額 ＋ リスク耐性 ＝ リスク許容度

資産残高の額 ⇩

生活費の1年分以上の貯蓄がある

40代後半〜60代にかけては、老後生活のための資金計画を立てるべき時期。いたずらに投資を重視するよりも十分な貯蓄をまず考える。そのうえで、将来に備えて購買力の維持のために必要な分だけのリスクを取って投資するのが賢明

リスク耐性 ⇩ チェックリストへ

当てはまるものにチェックして

- おみくじの結果が悪いと気にする
- 人と違うことをするのは不安
- もうからなくてもいいから、損をしたくない
- 感情の起伏が激しい
- 人の意見に左右されやすい
- 信念に基づいて行動するタイプである
- 考え方の違う人の意見を聞くのは苦手
- 心配事があると夜眠れない
- せっかちで結果を早く求めたがる
- 競馬で負け続けると最終レースは大穴を狙いにいく
- わりと後悔するタイプである
- 未経験のことをやるのは好きじゃない

テストはあくまで目安だが、当てはまる項目が多いほど、リスク耐性が低い（損には耐えられない）傾向があると考えられる

井戸　病気になったときや、冠婚葬祭など、**いざというときのために一定の金額を普通預金と個人向け国債（変動10年）**にしています。ほかは、個別株と投資信託。投信はＮＩＳＡ枠を使っています。株や投資信託は購入した時点で「お金と思わない」主義です（笑）。値上がり値下がりに一喜一憂しません。もし値下がりしているときに余分なお金が必要になったら、下ろします。これまで投資で一番ダメージが大きかったのは電力会社の株です。でも、頑張って働けばいいやと割り切りました。

個人型確定拠出年金が最強な理由

司会　話題の個人型確定拠出年金（ｉＤｅＣｏ《イデコ》）はどうでしょうか？　老後資金づくりを国が支援してくれる制度で、おふたりも最強のお金の預け先と言っていますね。でも加入は60歳まで。40代半以降だと、あまり時間がありません。どう使うのがいいですか？

井戸　**イデコは、老後資金をつくるうえで、最も優れた制度**です。これから先、公的年金の支給額が目減りすることは避けられないとお話ししました。イデコは公的

個人型確定拠出年金の上限は？

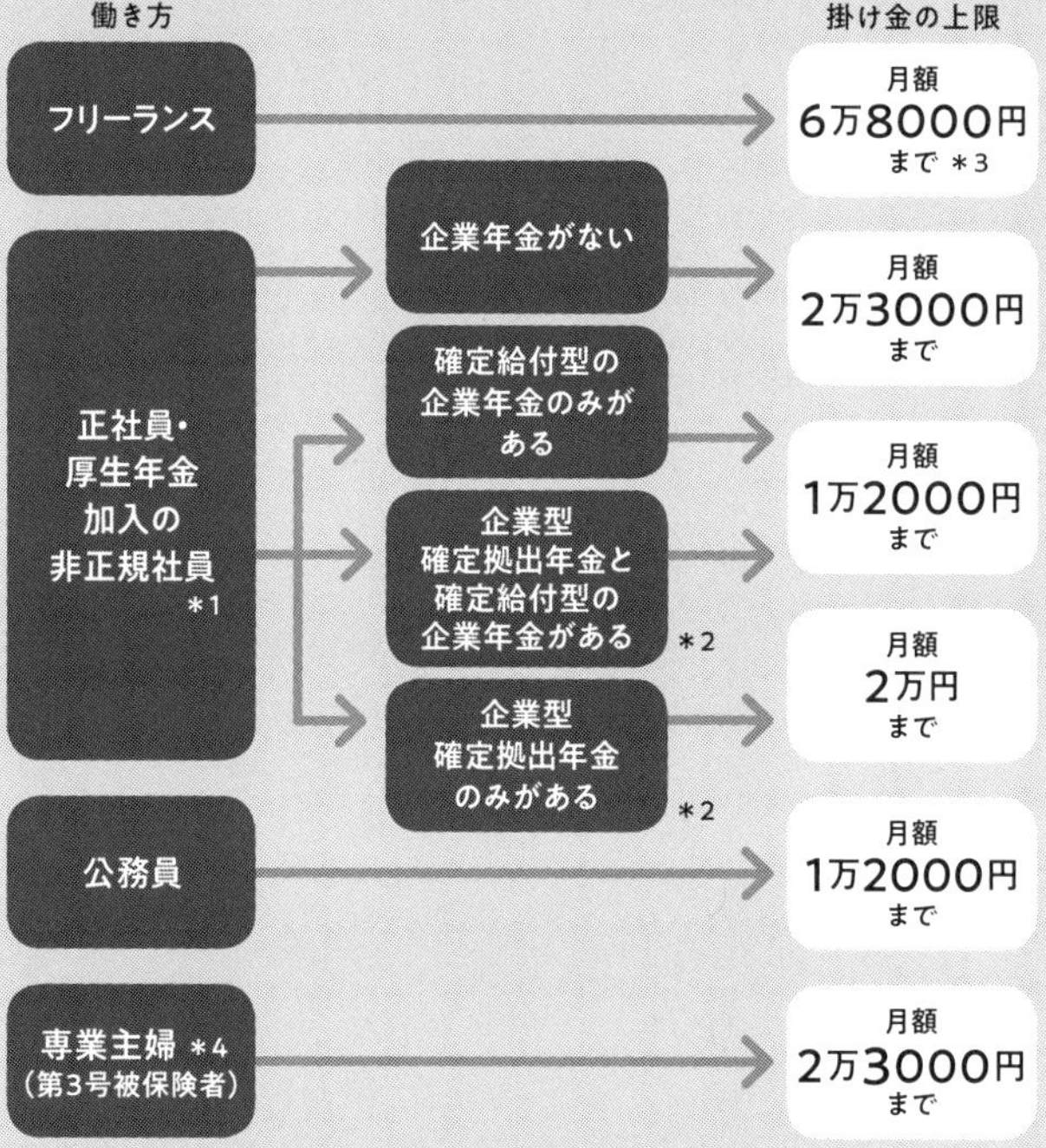

＊1 厚生年金に加入していても、非正規社員は企業年金や退職金の対象外のことが多い。派遣社員は派遣元の企業年金の状況によるが、対象外のことが多い
＊2 iDeCo加入には、勤務先による企業型確定拠出年金の規約変更（マッチング拠出をしない、従業員が個人型に加入できる旨を記載、企業型の拠出限度額の引き下げ）が必要
＊3 フリーランスなどの場合の積立金は、国民年金基金の掛け金との合算
＊4 所得税を納付していない人は、所得控除による節税効果はない

年金では足りない分を補うために、自分で掛け金を納めて運用していく年金です。２０１９年12月に厚生労働省の改正案では、会社員なら65歳までイデコに加入でき、受け取りは60歳から75歳までになる予定です。長く加入できるようになりますね。

大江　いわば「じぶん年金」ですね。２０１７年1月から、これまでは加入できなかった専業主婦や公務員なども対象になり、現状では、20歳以上60歳未満のほとんどすべての人が加入できます（一部加入できない人あり。１９１ページの図参照）。

井戸　この制度がすごいのは、**掛け金を納めるときと、運用するときと、受け取るときと、３つの場面で税金がトクになること**。まず掛け金の分が所得控除になり、所得税と住民税が減ります。さらに、投資で得た利益に通常かかる約20％の税金が非課税になります。そして60歳以降に確定拠出年金を受け取る際、公的年金等控除制度の対象となります。**老後のために投資信託を買うとか年金保険に加入することを考えているなら、イデコで始めるのが得策です**。掛け金は月５０００円以上。コツコツ積み立てていくのが基本です。掛け金の上限額は、現在の働き方や会社の制度によって違います。図でチェックしてください。

司会　掛け金の限度額がありますが、これは使い切ったほうがいいのでしょうか？

井戸 あまり少ない金額では、手数料の負担が大きくなりますから、せっかく利用するなら限度額まで使うのがいいでしょう。ただし、自営業者の第1号被保険者はイデコの前に国民年金保険料の支払いは必須です。月6万8000円で掛け金の枠は一番大きいけれど、自営業は仕事に波がありますから、払い続けていけるかどうかを考慮することです。年に1度は掛け金の額は減らせますし、ゼロにすることもできますが、口座管理手数料は払い続けなければなりません。

司会 どこの銀行や証券会社に口座を開くか、どんな商品にお金を預けるかも自分で決めなくてならないのですよね？　ポイントを教えてください。

大江 イデコを始めるには、専用の口座を開設する必要があります。金融機関によって口座の開設や管理にかかる手数料が異なり、投資信託の品揃えも違いますのでしっかり比較してください。イデコで利用できる金融商品は、預金、保険、投資信託の3種類ありますが、**せっかく運用益が非課税になるのですから、投資信託を利用するのがおすすめ**です。分散投資に必要な国内外の株や債券のインデックス投信が揃っていて、投信の運用中にかかる手数料（信託報酬）が他社に比べて安いかどうかもチェックしたいです。さらに、ネット画面の使い勝手のよさや、コールセンターの親切さとかも大事ですね。私が比較的おすすめできる金融機関について195ページの表にまとめました。

司会　イデコに加入して掛け金を出せるのは60歳まで（65歳まで延びる予定）。現在45～50歳くらいだと、どういう商品で運用したらいいでしょうか？　年齢による違いはありますか？

大江　私は全く年齢の違いはないと思っています。ほかにどれくらい金融資産を持っているのかや、その人のリスク許容度で選べばいいと思います。

井戸　**イデコは株式中心の投資信託にしておいて、ほかの口座で安全確保の部分を増やしていくとか、**資産全体のバランスをみればいいと思います。

大江　今は、まだ、60歳以降、新しい掛け金は入れられませんが、運用は続けられます。イデコで積み立ててきた年金は、60～70歳までに受け取りを開始すればいい仕組みです。受け取る時期や受け取り方は節税の観点や、公的年金、退職給付との兼ね合いからしっかり考えたほうがいいでしょう。今の現役世代の多くが公的年金を受け取るのは65歳からですから、60歳で定年退職した後の5年間は年金はありません。60～65歳までの5年間にイデコを年金形式で受け取るのも一つの方法です。

iDeCoが使いやすい代表的な金融機関

金融機関名	特に優れている点	注意すべき点
SBI証券	セレクトプランは、投資信託のコストが特に安い商品が品揃えにある。	商品数が35本と多く、同じカテゴリーに複数の商品があるので、投資初心者には商品選択が難しい。
楽天	コストの安い商品が品揃っている。 加入前を含めてWEB情報が充実している。	商品数が30本と多く、投資初心者には商品選択がしづらい。
野村證券	コールセンターのサービス、加入者向けのWEB画面が使いやすい。	店頭での説明や加入手続きに対応はしていない。 掛金1万円未満だと口座管理料が上がる
りそな銀行	全国の店舗で対面による説明・相談が受けられる WEB画面が使いやすい	加入後3年目になると口座管理料が上がる
イオン銀行	ショッピングセンター内にある店舗で口座開設のサポートを受けられる。	店頭で商品の詳細な説明は受けられない
中央労働金庫	商品数が10本以下とシンプルで選びやすい。	口座管理料がネット証券等に比べると高い

第4章 まとめ

●会社員が準備しておくべき4つのこと

❶人脈をつくる
❷コミュニケーションを大切にする
❸生活の無駄をなくす
❹健康に気をつける

●自営業・フリーランスが準備しておくべき4つのこと

❶老後資金の準備をしておく
❷社会保険を大切に

③生活の無駄をなくす
④健康に気をつける

●定年後の人間関係に備える

①自分への投資よりも友人へのギブ
②夫婦はほどよい距離感を保つ

●定年後の家計に備える

①現役時代に収入が高くても油断禁物
②残された妻の年金は半額になる
③離婚したら夫婦ともにビンボー老後に
④個人型確定拠出年金（i《イ》De《デ》Co《コ》）を上手に活用する

あとがき

人生の目的とはいったい何でしょう。健康に生きること、お金持ちになること、そして、会社で出世すること。人によっていろいろありますが、私は人生の目的は「幸せになること」だと思っています。健康もお金も仕事の充実もみんな幸せになるための手段にすぎません。

世の中にはそれらをうまくやるための本はたくさんあります。お金をもうける本、健康になるための本、仕事がうまくいくための本。でもこの本はそのいずれでもありません。いわば自分にとって、ここからの「幸せ」とは何か、どうすれば自分の幸せを見つけることができるかということを考えるために、井戸さんとふたりで語り合ってきたことを1冊の本にまとめたものです。

答えは、一人ひとり違います。そして、その答えを見つけるのはあなた自身です。人生の後半を幸せに過ごすためにこの本がいくらかでもご参考になれば幸いだと思っています。最後までお読みいただき、ありがとうございました。

大江英樹

「日本に生まれて、ラッキーな人生だ」と、インドを旅したとき何人もの現地の人に言われました。そのときは「そうかな?」と思っていました。しかし年齢を重ねるにつれ、言われたことが実感から確信へとなりました。日本に生まれたラッキーとは、つまり戦さのない平和な社会、一生懸命に働けばそれなりの成果を得ることができる社会であること。そしてそれ以上に、実はその気にさえなれば、「人生を2回経験することもできる」、世界一の長寿国だということだと思います。「はじめに」で書いたように、男性も女性も、日本人の平均寿命は90年前のおよそ1・5倍近くになりました。人生の前半で実現できなかった夢、なりたかった自分に、人生の後半で近づくことが可能なのです。40〜50代から準備すれば、〝2回目〟ゆえに成功する確率が高くなりえます。いくつになっても「おもしろい人生」にするチャンスがあるのです。

悔いのない楽しい人生を送っていただけることを願いながら、本書をまとめました。よりよい人生を手に入れられることを祈念いたします。

井戸美枝

本書は、２０１７年2月に日経ＢＰから刊行された同名書を文庫化したものです。

日経ビジネス人文庫

定年男子《ていねんだんし》 定年女子《ていねんじょし》
45歳《さい》から始《はじ》める「金持《かねも》ち老後《ろうご》」入門《にゅうもん》！

2020年4月1日 第1刷発行

著者
大江英樹
おおえ・ひでき

井戸美枝
いど・みえ

発行者
白石 賢

発行
日経BP
日本経済新聞出版本部

発売
日経BPマーケティング
〒105-8308 東京都港区虎ノ門4-3-12

ブックデザイン
鈴木成一デザイン室

本文DTP
マーリンクレイン

印刷・製本
中央精版印刷

Printed in Japan ISBN978-4-532-19972-2

nbb 好評既刊

投資賢者の心理学
大江英樹

なぜ投資家はみんな同じ失敗をするのか？　行動経済学の視点から投資家の「心」にスポットを当て、投資で勝てない理由を解き明かす。

ドーナツを穴だけ残して食べる方法
大阪大学ショセキカプロジェクト＝編

大阪大学の知の精鋭たちはドーナツを穴だけ残して食べられるのか？　学生たちが企画・編集し、大きな反響を呼んだ名著が、ついに文庫化。

株が上がっても下がってもしっかり稼ぐ投資のルール
太田 忠

過去の投資術だけでは長続きしない――。確実に儲ける新時代の手法を、豊富なアナリスト、ファンド・マネジャー経験を持つ著者が指南。

賢い投資家必読！株に強くなる本88
太田 忠

入門書から名著、古典、小説まで、賢い投資家になるために必読の投資本88冊を一挙紹介。『投資をするならこれを読め』を7年ぶりに改訂！

ビジネススクールで身につけるファイナンスと事業数値化力
大津広一

ファイナンス理論と事業数値化力はビジネスの基礎力。ポイントを押さえた解説と、インタラクティブな会話形式でやさしく学べる。

好評既刊

nbb 好評既刊

日経スペシャル
ガイアの夜明け
挑む100人
テレビ東京報道局＝編

「クリエイティブなことをしていくのが職人の本質」「皆が行く方向が正解ではない」――変革に挑むリーダー100人の言葉を一冊に。

株式投資
これだけはやってはいけない
東保裕之

ちょっとしたことに気をつければ株式投資のリスクは減る。注文の出し方から株価指標の見方、信用取引まで「株式投資べからず集」。

株式投資
これだけ心得帖
文庫増補版
東保裕之

株式投資で勝ち組になるために不可欠な72のこだわりを、相場のプロが問答方式で語る。一時間で読めて一生役立つ株の本。

戦国武将の危機突破学
童門冬二

信長、家康など九人の人間的魅力を解剖。ビジネスで戦うリーダーに求められる指導力、判断力、解決力が学べる好読み物。

参謀は名を秘す
童門冬二

参謀として都知事を支えた著者が、信長の沢彦、家康の太原雪斎、忠臣蔵の堀部安兵衛などを検証し、真の参謀のあり方を追求する。